「姐御」の文化史

幕末から近代まで
教科書が教えない女性史

伊藤春奈 著

生きてゆくぎりぎりの線を侵されたら
言葉を発射させるのだ
ラッセル姐御の二挺拳銃のように
百発百中の小気味よさで

――「おんなのことば」（『おんなのことば』茨木のり子　童話社）

前口上（まえがき）

ホモソーシャルな社会を生き抜いた日本の強くてヤバイ女たち

誰かの勇敢な行いやストレートな言葉に力をもらったり、私もあんなふうになれたらと憧れたりすることがある。

この数年、『ワンダーウーマン』（2017年）『アトミック・ブロンド』（2017年）『キャプテン・マーベル』（2019年）『ムーラン』（2020年公開予定）のように強くてかっこいい、女性の主人公を描いた映画やドラマ、小説が目立つようになった。ネット配信作品でも、見ていて元気になれるような新しい登場人物が、フィクション／ノンフィクションを問わず増えている。

歴史に埋もれてきた女性を見直す動きも、世界中でさかんだ。科学の分野で活躍した女性たちを描いた映画『ドリーム』（2016年）や、女性のロールモデルを紹介した伝記本も多数刊行されている。

そして、隣の韓国では、100万人をとりこにしたフェミニズム小説『82年生まれ、キム・ジヨン』（チョ・ナムジュ著、斎藤真理子訳、筑摩書房）が登場し、日本にも上陸。ベストセラーとなっている。長らく欧米のフェミニズムを手本としてきた日本でのこの動きは、同じ儒教道徳をルーツとしてきたからこその、「歴史的な共感」といえる。

では、日本ではどうだろう？

かっこいい女性を描いた作品が日本には少ない、日本には強い女性はいないという。よく聞く理由は「むかしの女性は地位が低かった」「だから記録も少なく、歴史には残っていない」「現代の価値観で描いても共感を得られない」といったものだが、本当なのだろうか？

じつは、日本にもかっこよくて、見る人の心を熱くしてくれるような女性は「むかしから」いた。しかも、男女世代問わず人気を集めてきた。それが、この本がテーマとする「姐御《あねご》」である。

姐御っぽいキャラクターが広く好まれてきたことは、国民的な作品を見ても明らかだ。

例えば、日本歴代興行収入ランキングナンバー1の映画『千と千尋の神隠し』（2001年）に登場するリン。主人公が湯屋で世話になる先輩だ。サバサバした口調がいかにも姐御肌で、面倒見のよい女性である。

同じく宮崎駿作品『もののけ姫』（1997年）のエボシ御前は、武器を使いこなす、強い大人の女性。不敵な笑みを見せたかと思えば、豪快に笑うところも姐御っぽい。たんに頼れる女頭目《とうもく》というだけでなく、ひそかに難病に苦しむ人々を助けている姿も心憎い。また、『天空の城ラピュタ』（1986年）の賊頭《ぞくがしら》、ドーラは子分を従えてパワフルに生きる姐御。本書では、実在したドーラ型の姐御も女性史の一面として紹介している。

そして、なんといっても姐御と聞いてまず思い浮かぶのが任侠《にんきょう》映画（やくざ映画）である。岩下志麻や藤純子（現・富司純子）が銃を構えながら啖呵《たんか》を放つ、様式美のある大衆的な作品群だ。「よござんすか」と賭場で壺振《つぼふ》りを務める女博徒や、男の子分を従える女組長は、アイコン的な姐御である。なお、任侠系姐さんのなかでもっともメジャーな「極妻《ゴクツマ》」（映画『極道の妻（おんな）たち』）は、姐御を近世～近現代の女性史とともに振り返るという本書の趣旨から外れるので省いた。

任侠映画というと、ホモソーシャルな世界観で生きる男たちが女性を暴力的に扱う印象が強いが、例えば『マッドマックス　怒りのデス・ロード』（2015年）が虐げられた女性たちの怒りを描いた隠れたフェミニズム映画だったように、女性をフェアに描いた作品も少なくないのだ。食わず嫌いをせずに鑑賞いただければ、ヘタなアクション映画より、スカっとするはずである。

また、時代劇、とくに股旅ものと呼ばれるジャンルの作品にも、じつは現代の価値観で描いたと思われるような先進的な作品があり、厳選して紹介した。女性を一個人として尊重し、女性の歴史にも敬意を払った物語は、今こそ見直してもらいたい。

彼女たち「姐御」の最大の魅力であり武器が、「啖呵」である。ここぞという場面で姐御がばっさりと言葉を振り下ろす姿は、胸がすっとする。多くの人がストレートな異議申立てに憧れがあるものの、現実に声を上げるのは難しいと感じているからだろう。今よりはるかに強い抑圧を受けていたむかしの女性となればなおさらである。

啖呵を切り、勇敢に戦う姐御はたしかにかっこいいが、任侠映画などの舞台である明治、大正時代にそんな女性が存在したのだろうか？　それとも、その前から？　そもそも姐御とはどんな女性だったのだろう。なぜ、私たちは姐御が好きなのだろうか？

答えは江戸時代にさかのぼる。「姉」の尊敬語「姉御」が、博徒の親分や火消《ひけし》の妻に使われだしたのが江戸時代だ。子分たちが親分の妻を「ねえさん」と呼んで敬った。

そして当時、庶民の間では芝居や浄瑠璃で、威勢がよく粋な女性が好まれていた。とくに江戸っ子は、「侠気《きょうき》」と呼ばれる度を越した正義感を愛し、そうした生き方を、「義侠心」「勇み肌」「伝法《でんぼう》」「鉄火《てっか》肌」といった美意識として育《はぐく》んでいったのだ。これらを兼ね備えていたのが「姐御」である。言動に鋭さがあり、強く頼もしい女性たちだ。いずれの女性たちも、「あだ」と呼ばれたクールな色気がひとつの特徴で、「あだっぽい」などと称えられた。

これらの歴史的・文化的な流れと、本書で紹介する姐御作品をふまえて、私は「姐御」を次のように定義してみたい。

①はっきりと自分の意見を言う
②不要な笑顔を見せない
③女性の正当な怒りの言葉である「啖呵」を武器に闘う
④自分の強さを弱者救済に使う
⑤日本の伝統的なフェミニストである

姐御が登場する娯楽作品を、舞台となる江戸・明治・大正時代の歴史背景や、製作された時代の社会情勢とともにひもとき、女性像の変化も探っていく（複数翻案されている作品は原則として、DVD化されていて視聴しやすいものを選んだ。また、本書は時代を江戸から近代までと限定し、現代を舞台とした作品や実録系のやくざ映画は除いた）。

1章では、江戸文化が生んだ市井《しせい》の姐御たちから、任侠映画や時代劇の姐御像のルーツを探る。下町のいなせな芸者や浪花の女侠客《きょうかく》など、庶民の姐御スターたちが浮世絵や芝居を飾り、魅力的な女性のタイプとして確立された時代だ。

2章では、女性像のターニングポイントである幕末〜明治維新期を舞台にした作品を紹介。同時に、明治政府が「望ましい男性性・女性性」へと人々を矯正し、徹底したジェンダー化教育をほどこしていく流れを追う。「良妻賢母」像を叩き込まれる女子が量産されるいっぽう、「悪女」「毒婦」としての、アウトローな姐御像が良くも悪くも脚光を浴びた時期である。近代教育の開始から150年が過ぎてなお、公正なはずの大学入試で女性差別が明らかになったが、その根源となる差別意識もみえてくるだろう。また、幕末維新期を舞台にした「股旅時代劇（やくざ映画のルーツでもある）」には、なんと「男らしさ」を否定した作品（!）もあるので、今の視点で見直してみたい。

3章では、姐御が見せる強さの秘訣、「性の越境」をテーマにした作品をとりあげる。『ゴーストバスターズ』（2016年）、『オーシャンズ8』（2018年）など、人気作の登場人物を男性から女性に置きかえた作品が近年目立つようになったが、じつは「女版《おんな》○○」は古くから日本の定番ジャンル。宝塚・女剣劇・異性装劇などの男女逆転劇で、「女らしさ」の呪縛から解放され、自分だけの生をまっとうした女性たちを振り返る。

そして4章では、超男社会で暴れた姐御たちを、5章では働く姐御たちのシスターフッドを描いていく。ここでは任侠映画の意外な一面を知ることになるだろう。

5章で多く登場する「姐御芸者」たちは、苦い現実を生きる大人の連帯で私たちを勇気づけてくれる。2018年のドラマ『監獄のお姫様』（脚本：宮藤官九郎）がちょうど似たテーマで描かれた話題作だった。ときに手を取り合い、互いを称え合う女性たちの正義と連帯は、姐御マインドそのもの。作風がコミカルなだけに、主人公の中年女性たちが生き抜く姿にしびれた視聴者も多かったはずだ。

また、同じく宮藤官九郎脚本による大河ドラマ『いだてん』（2019年）では、日本人女性初のメダリスト・人見絹枝（「姐御」と呼ばれていた）が後輩の女子たちのために死力を尽くす姿が話題となった。人見は女子スポーツの黎明期、つねに女性蔑視と偏見にさらされたが、「いくらでも罵れ。私は甘んじて受ける。しかし、私のあとから生まれてくる若い女子選手や、日本女子競技会には指一つ触れさせない」と啖呵を切ったこともある。

日本にはかっこいい女性のロールモデルがいない。本当だろうか？
現代でも共感できる姐御作品には、実在のモデルがいる。
本書で彼女たちを追い、世界の半分を占めながら見過ごされてきた女性史もあわせて見直してみると、「日本に強くて、かっこいい女性はいない」は、たんに社会が見ようとしてこなかっただけだということがわかるはずだ。

むかしの「女性」はじつはとても多様で、タフな人も多く、人々はそれを当たり前のこととして尊重し、愛してきたのである。

目次

4章　近代化と肝っ玉姐《ね》さん——任侠映画の女性たち　155

1章

江戸っ子が好んだ粋な姐さんスタイル

今、江戸時代の女性と聞いてどんな人を思い浮かべるだろうか？

自分の気持ちは表に出さず、決められた人生を歩むしかなく、男性の一歩後ろに控えている。そんなイメージが多いのではないだろうか？

じつは、こうした「やまとなでしこ」的女性像は「良妻賢母」教育によって明治時代に確立されたもの。それまでの女性の実像は土地や職業身分、時代によってさまざま。「なでしこ」だけでなく「姐御」っぽい女性もいたのだ。

そこで、この章ではまず、「いわゆる姐御像」がどのようにうまれたのか、歌舞伎や浄瑠璃、浮世絵など、江戸の大衆文化をみながら探っていく。

歌舞伎や浄瑠璃では、実在した女性をモデルとした姐御や女侠客《きょうかく》が、客席に向かってにらみをきかせ、胸のすく啖呵をきる。今の私たちが見てもかっこいいし、その強さに驚かされる。

彼女たちの強さは、江戸時代の人の目にも格別に映った。それは、弱者のためにひと肌脱ぐという侠《きょう》の行いを、弱者そのものである女性がなしとげようとしたからだろう。

お侠《きゃん》な江戸娘

❖「男言葉」を話した町娘

すでに死語になりつつあるが、自由で活発な女の子を「おきゃん」と形容することがある。ちょっと古い例だが、酒井法子（のりピー）のデビュー当時のキャッチフレーズが「おきゃんなレディ」だった。

じつはこの「おきゃん」という言葉の語源は、やくざ者、アウトローのこと。のりピーのその後を考えると意味深である。

歌舞伎や浄瑠璃の姐御っぽいキャラクターは、「女伊達《おんなだて》」「女侠客《おんなきょうかく》」などと呼ばれる。「侠客」「男伊達」「遊侠《ゆうきょう》」などは、歌舞伎や講談などで美化されたやくざ者のこと。無軌道で威勢がよく、権力にひるまずに言いたいことを言い、困っている人がいれば命がけで助ける。そんな人物だ。歌舞伎などを通じて、彼らのこうした生き方やどぎつい服装は、江戸の人々にもファッションや美意識として取り入れられるようになっていった。

歌舞伎の侠客には、モデルとなった実在のやくざ者もいる。例えば、戦国時代が終わったばかりの頃、江戸の町に現れた「旗本奴《はたもとやっこ》」「町奴《まちやっこ》」と呼ばれた無頼漢たち。「奴」とは武士の下働きをする身分の低い男のことで、荒くれ者が多かった。「旗本」は武士なので、いわば落ちぶれた浪人である。町奴とは奴のような町人。両者の派手なケンカが町で話題になり、歌舞伎などで描かれるようになったのだ。

江戸時代中期になると、小普請方《こぶしんかた》（土木・建築作業）に属した鳶《とび》の者たちが、町の食い詰め者、ごろつきたちと、しばしば喧嘩騒ぎを起こした。腕力で名を上げた者や、同じく鳶職からなる火消、力士も侠客の系譜に連らなっていく。

こうした流れのなかでうまれたのが「侠《きゃん》」という言葉だ。お転婆、はねっかえりを意味する「おきゃん」という言葉も、「侠」からきている。

江戸時代の「おきゃん」は、今の高校生くらいの年頃で、世話好きで頼りになる、勇み肌の女子を指した。

❖おきゃんの進化系「あだ」、おきゃん前の「おちゃっぴい」

おきゃんな娘が年を重ねると、「あだ」と表現された。漢字だと「仇」「婀娜」と迫力のある字面になる。実際、「おきゃん」よりも意気地《いくじ》、張りが増し、色気も加わった大人の女といった印象をもたれていた。「あだな」女が結婚すると、大店《おおだな》のおかみさんのように、切って回していく世話女房風になったりする。「姐御」にもっともあてはまるのが、この「あだ」な女性だろう。

おきゃんであだな女たちの特徴は、「六方言葉《ろっぽうことば》」とも呼ばれた話し方にも、よくあらわれていた。これは、旗本奴や町奴が使っていた威勢のいい話し方のことで、「六方（法）」とは「御（五）法破り」を意味する洒落。**女性が乱暴な男言葉を使うと色気が増す**として評判になり、遊女から町娘へと広まっていった。遊女評判記に「口才者《こざい》（小才が効いた、猪口才《ちょこざい》な女）」という評価項目があったように、口達者で威勢のいい遊女は一定数、いたようだ。そういう女性を好む男性がいたということだろう。

猪口才な女は、町でナンパをされたり、痴漢やセクハラにあったりしてもひるまない。恥ずかしい言葉でからかわれても、顔を赤くしてうつむいたりするのではなく、「おととい きやがれ！」などと言い返して困らせるくらいが好まれたようだ。江戸時代には、控えめで男性を立てる女性がモテたのでは……？と思いがちだが、江戸っ子の場合、むしろ逆、という人も少なくなかった。

「おきゃん」よりも年下の中学生くらいの娘は「おちゃっぴい」とも呼ばれた。やはり口が立ち、ときに大人を言い負かす。こんな江戸時代の川柳が残っている。

おちゃっぴい湯番のおやじ言いまかし
おちゃっぴい少しまくってあかんべい

「おちゃっぴい」とは、指名がないため暇つぶしにお茶を挽《ひ》いてばかりいる遊女を指す「お茶挽き」がなまった言葉で、転じて「てこずりそうな娘」という意味になった。

「おきゃん」も「おちゃっぴい」も、今では「若い女性に対して使っていた死語」という印象しかない。「あだ」も、あまり使われなくなったが、しっくりくる女性が少なくなったからなのか、そういう女性を好む人が減ったのか……。今の日本では貴重で、存在しにくい、という見方もできるかもしれない。

❖元祖クールビューティ

姐御が女性のタイプとして好まれるようになった背景には、江戸時代中期、江戸の庶民が文化の担い手となったということがある。江戸が文化発信地になると、美人も江戸風の細面がもてはやされるようになったのだ。

粋な女性の姿を「小股の切れ上がった」と表現することがある。風になびくような「柳腰《やなぎごし》」の女性が歩くときの足さばき、裾周りのラインをあらわしたものだ。

柳腰で小股の切れ上がった江戸娘は、地方から来た武士にとっては衝撃だった。幕末に書かれた随筆『江戸自慢』には、「真の柳腰にて、後姿を見れば武蔵坊弁慶も二度の念を起こすにやあらん」と、性的視線が隠さず書き留められている。同書にはほかにも、江戸美人の洗練ぶりについて「江戸の女は柳腰が多く、足取りも軽く、着物は渋好み。色白で首筋と足は格別にきれいで、これを見せつけるためか、冬でも足袋を履かない。男のように外八文字で歩くため尻は小さい……」と細かく記している。

江戸と上方《かみかた》とでは女性のファッションはまるで違っていた。江戸では渋い色柄が好まれ、赤など上方流の華やかな色を身に着けずに勝負するのがおしゃれだとされた。「垢（赤）抜ける」という言葉も、そこからうまれた洒落である。

ヘアメイクも、いかにすっきりとまとめるかが重要だった。「すり磨き」といって、艶が出るほどに顔を磨き込み、すっぴんで勝負できる肌を目指す。おしろいを塗る場合は、薄く刷いて淡白に仕上げる。今風にいうなら、透明感のあるナチュラルメイクだ。

このように、江戸風の垢抜けした姿とは、そぎ落としていって、残ったものに価値があるとされた。

こうした考えは、江戸っ子が宝とした「粋」や「通」そのもの。粋に憧れ、粋に近づこうとした人々のなかで生きるおきゃんであだな女たちが、姐御に育っていったのだ。

粋な人は、「意気地を見せる」「張りがある」などと表現される。それは一見すると何かに執着するように思えるが、じつはその逆。「あきらめ」をもつ人こそが粋だった。引いていって残ったものの価値、不安定さや余韻、消えやすいものに美を求めたからだ。

江戸のボーイッシュな姐御芸者

姐御と聞いて、任侠映画の女性主人公をイメージする人も多いだろう。「よござんすか」と賭場で壺振りを務める女博徒だ。そして任侠映画には、博徒と並んで芸者の姐御も多い。その姐御芸者のルーツが江戸の深川芸者だ。彼女たちもまた、江戸の「粋な姐さん」の代表格なのである。

❖男名を名乗った「羽織芸者」

深川の芸者といえば、普段の気安い話し方から洗練された風俗まで、江戸らしさを近代以降に引き継いだ存在だとされる。

深川芸者は、深川が江戸の辰巳（東南）方向にあることから「辰巳芸者」とも呼ばれた。江戸小唄に「辰巳よいとこ　素足が歩く　羽織やお江戸の誇りもの」（『辰巳よいとこ』作詞：伊東深水、作曲：常磐津三蔵）と歌われたように、もともと男性の上着だった羽織を着て男名を名乗り、冬でも素足で通した。

あえて男っぽい風俗で美貌を引き立てるという江戸らしいスタイルが受け、粋な芸者の代名詞となっていった。羽織を着るようになったいきさつは、一説によると、天保期（1831〜1845年）に15歳以下の見習い芸者に羽織を着せ、脇差《わきざし》を差した男装で座敷に上げたのが好評だったためだという。

そんな深川芸者を育てたのが、深川という町の歴史だ。

江戸時代初期、海水が浸る低湿地の埋め立てから深川の町の歴史ははじまった。やがて干潟《ひがた》を埋め立てた漁師たちがここに根づき、漁師町として知られるようになる。当時のことは『深川音頭』にも「浜の汐やみはねる魚」と歌われ、水揚げや出荷の時間帯ににぎわった町の姿を伝えている。周辺では潮干狩りができたことから行楽地としても好まれ、料理店が立ち並ぶようになる。

明暦の大火（1657年）以降、深川・木場エリアは材木の町になった。未曽有の火災を受けて都市整備が進み、現在の木場公園のあたりに材木置き場が移転。隅田川と荒川に挟まれたこの界隈には縦横に運河が入りくんでいたので、火災を避ける目的で水路に原木を沈めておくようになった。

材木商は、山から木を伐り出して運んでくる「山方《やまがた》」が材木を出荷してこなければ商売が成り立たない。そのため、山方が江戸に出てくるときは待合や料理屋で接待する。また、木場が御用材木置き場だった関係で大名・旗本など大口の取引も多く、材木商の交際は広かった。そのために材木商の女房は機転がきき、社交的なタイプが目立った。

漁師や職人、木場の旦那衆、水運業者たちが行き交う深川で育った辰巳芸者が、男性的風土のなかでもまれて勇み肌に育っていったのも自然なことだった。大火後に町が活性化し、裕福な旦那が客につくようになると、辰巳芸者の格もあがり、嫌な客はきっぱり断る意気の強さで知られるようになる。

❖「新しい女」の時代まで受け継がれていた深川カルチャー

江戸文化の中性的な特徴を体現していた深川芸者は、江戸庶民が文化の担い手となった文化・文政期に全盛期を迎える。だが江戸後期になると、幕府の財政難を打開するための天保の改革において深川の高額な接待費が問題視され、町は急速にすたれた。仕事にあぶれた一部の芸者たちは、柳橋（東京都台東区）へ移っていく。柳橋は隅田川の舟遊びの拠点でもあり、幕末維新期には志士・政府高官が料亭を政治活動の場としたことから栄えていく。

いっぽう、深川に残った芸者は木場の旦那衆や新興商人を客とし、彼女たちのスタイルは引き継がれていった。

女性解放運動を展開する平塚らいてうたちの「新しい女」が話題を振りまいていた大正期にも、深川をはじめとする花街や下町には、江戸の姐御マインドが残っていたようだ。当時の女性の暮らしぶりを職業別に紹介した随筆『女百面相 当世気質』（山村愛花著、大正7年）所収の「下町の女」に、こうある。

「下町の女といふのは昔は江戸っ子の代表的女であった（略）所謂《いわゆる》江戸っ子の女といふとスッキリとした厭味のない、寧《むし》ろ淡白過ぎるほどサッパリとして五月の鯉の吹流しと云《いは》れる気象が閃いていた」。

このように江戸時代の下町の女性を紹介した著者は、続けて「今はそんな女も稀だ」と嘆き、こう続ける。

「僅《わず》かに待合の女将とか割烹店の内儀《おかみ》とか乃至《ないし》芸妓屋《げいしゃ》のおっかぁとかにわづかに面影だけは残して居る位」。

粋な芸者といえば、女性解放運動家・山川菊栄の自叙伝『おんな二代の記』（岩波書店）には、菊栄の母・青山千世の同級生だった「お信さん」が典型例としてあげられている。お信さんは「歯切れのいい江戸っ子」。明治初期、お信さんは、嫌がらせばかりしてくる男児たちに激怒してこう返した。

「何をッ！　べらぼうめ。おたんちん野郎！　女だろうがおたふくだろうがてめえらのお世話になるかってんだ。女に英語が読めてくやしいのか。男のくせにケチな野郎だ。（中略）文句があるならタバになってかかってきやがれ。てめえらの相手にゃおいらひとりでももったいねェや」。のちにお信さんは、「すんなりとした粋な」「きっすいの江戸芸者」になったそうだ。

また、山川が見た明治期の東京には江戸の粋や渋好みの文化が色濃く残っていた。

「粋とか渋いとかいうことを尊んだ江戸時代の伝統の残っていた明治の東京では、贅沢な人は贅沢なりに、見えない処に金をかけて、人目につくような安っぽいケバケバしさを嫌ったので、全体の色合いが静かにおちついていました」（山川菊栄『わが住む村』岩波書店）。

このように、有名人でもないのにエッセイなどに書き留められるかっこいい女というのは、いつの時代にもいるものだ。現代でいうと、ＳＮＳで話題になりメディアにとりあげられるような人だろうか。

下町とは逆に、無粋な土地とされたのが山の手エリアだ。山村の前掲書の「山の手の奥さん」には、「江戸時代の昔から山の手といふと、何でも総《すべ》てのものが下町とは違って瀟洒《しゃし》でない、濃厚《こってり》として何処《どこ》となく重くるしい風がある。（略）意気でない、つまり野暮であるのだ」とある。

山の手はかつて武家屋敷地であり、下町とは人々の意識も文化もまるで違っていた。華麗な色柄の着物や重厚な着つけを野暮だと感じるのは、町方の渋好みに加えて、権威を嫌う江戸っ子気質も影響しているのだろう。なお、「柳腰」について書かれた前述の『江戸自慢』でも、江戸美人と対照的な例として大名の奥女中をあげて「尻は大いにいかめしく」「家鴨《あひる》の如く」ドタバタと歩く、と酷評している。

恋を貫いたかっこいい花魁《おいらん》、揚巻《あげまき》の人気

❖「お前の顔見ることもいやじゃぞえ！！！」

歌舞伎を通じて江戸の姐御の代表格となったのが、歌舞伎『助六縁江戸桜《すけろくゆかりのえどざくら》』など助六心中もののヒロイン、揚巻《あげまき》である（実在した人物をモデルにしたとの説もある）。江戸っ子は、花魁（高級遊女）の揚巻が恋にひた走る一本気な姿に惹かれた。

相手役の助六は、幼稚なところもあるが憎めない伊達男。江戸っ子の理想のような侠客だ。だ

が、揚巻の激しい言動は主役の助六を食ってしまうほど鮮烈に人々を魅了した。

物語は、助六の恋敵である「髭《ひげ》の意休《いきゅう》」が絡みながら展開する。揚巻の見せ場は、しつこく言い寄ってくる髭の意休を強烈な啖呵ではねのけ、「この後はお前の顔見ることもいやじゃぞえ」などと捨て台詞を吐くくだりだ。

金と権力で女を支配しようとする野暮なオヤジとはいえ、自分の上客でもある意休を花魁がこばむなど、吉原の常識では考えられない。金で買われた身である揚巻が、自らその常識を打ち破り、命がけで恋に向かっていく姿に江戸っ子はしびれ、涙した。

当時、「ありえないもの」の例として「遊女の誠と四角い卵」と言われたように、花魁は廓《くるわ》でかりそめの恋を演じ、それを理解して遊ぶのが通人だとされた。不自由な環境で生きていたからこそ、遊女の美貌と教養による洗練は武器になったし、男性はそれを買うことで心を満たせた。

当時の恋愛は、現代人と比べるとはるかに格別なものだ。男女ともに、属する社会（職業）のルールに沿って生きていたから、それを破ってまで恋に生きるには、相当な覚悟を必要とする。揚巻と助六の恋も、意地の高揚感が物語をつくった。

古典的な恋愛悲劇のほとんどが身分違いの恋を描いているのは、社会秩序を乱しかねない特殊なものとされたからだ。だからこそ観客は、芝居上の恋におおいに感情移入した。観客が見た揚巻は、目の前の意休と闘っているだけではなく、**社会のルールを向こうに回して闘っている**のだ。

「女郎とはこういうものなのだ」という縛りから解き放たれたときの揚巻は、人々が憧れた自由を手にして、もっとも輝いていたに違いない。

なお、この作品では、ほかの女性の登場人物も「女子の一分が廃《すた》る」「やい男畜生め、情を知らぬか」などと痛快な台詞で侠気をきらめかせ、強烈な印象を残す。**女子必見の「姐御」歌舞伎**といえる。

❖「結婚」を蹴散らした女侠客

揚巻に匹敵するかっこいい姐御であり、庶民を酔わせた女性がもうひとりいた。

実在したとされる大坂の女侠客「奴《やっこ》の小万《こまん》」だ。侠客といってもその実態は、育った環境にそぐわない数々の「奇行」に尾ひれがついただけのようだ。彼女の経歴は諸説あり、はっきりしない部分が多いが、およそ次のような逸話で知られた。

小万は、大坂は長堀の豪商・木津屋の養女で、本名は雪といった。江戸時代なかばの享保7（1722）年に生まれ、享和3（1803）年に没したという。年頃になり、木津屋で家督問題が起こると、雪は婿をとることを拒み、文字通り家を飛び出す。雪は美貌で知られていたが、顔に墨を塗り、さらにその上におしろいを重ねて出歩き、町のごろつきたちとつきあうようになったのだ。墨とおしろいを塗って出歩いたせいか、顔はシミやあざだらけになった。顔がまだら模様だったとの言い伝えもあり、あるいは墨とおしろいをまだらに塗っていたのかもしれない。

のちの女侠客伝説をうむ奇行の決定打が、外出先で襲ってきた暴漢たちを投げ飛ばしたという話だ。この武勇伝が江戸まで知れわたり、雪は浪花の名物女となった。

やがて、雪を描いた浄瑠璃『容競争出入湊《すがたくらべでいりのみなと》』、歌舞伎『女尺八出入湊《おんなしゃくはちでいりのみなと》　黒船忠右衛門当世姿《くろふねちゅうえもんいまようすがた》』などがつくられる。物語のなかの雪は、大きな奴髷《やっこたぶさ》に尺八を持った侠客そのものの姿だ。雪の実母の名が「万」だったことから役名は「小万」とされ、以降、実像と離れた「女侠客・奴の小万」としての姿が、長く独り歩きをはじめる。

さまざまな資料から雪の実像に迫った『木村蒹葭堂《きむらけんかどう》のサロン』（中村真一郎著、新潮社）によると、男ふたりを投げ飛ばした有名な出来事のあと、雪は京都の公家に祐筆《ゆうひつ》（文筆を活かした秘書）として仕え、やがて大坂へ戻ると出家して「三好正慶尼《みよしせいけいに》」と名乗る。木村蒹葭堂とは大坂きっての商人学者で、名だたる文人と交流した人物だ。

木村の日記によれば、彼の正妻と雪（当時は正慶尼）が親しく、家族ぐるみでつきあっていた。雪は50代後半になっても娘時代の評判で知られ、木村など及ばないほどの人気者だったという。曲亭馬琴も、上方を旅した無名時代、有名人の正慶尼に面会を申し込んだことがある。馬琴が対面したときの雪は74歳になっていたが、小万時代を思わせる毅然とした女性だったそうだ。馬琴が日記に書き留めた雪は、しっかりとした足取りで、手跡は素晴らしく、知的な雰囲気を漂わせていたという。馬琴は、「私は酒客と猫が嫌いです」などと意見をはっきり述べる雪の個性が気になったようで、「侠気がある話しぶり」と書き留めた。

馬琴が残した当時の噂によると、雪が婿をとることを拒んだ表向きの理由は「男嫌い」だったが、真相は好きな男性と一緒になれなかった不満からだったようだ。豪商の養女は家を継ぐために、家業に尽くすまじめな男性を婿にむかえなければならない。そうした男性は、商家育ちの若旦那か、自分の家で働く手代《てだい》であることが多かった。しかし彼らは雪の好みに合わない。雪は、書画、漢詩など風雅を好む教養人グループとつきあいがあり、そこには心に決めた男性がいたのだという。

❖200年を越える姐御スター、小万

雪が幼くして木津屋の養女になったのは、豪商の庶子だったからだという説もある。そのことに葛藤を感じつづけたとすれば、多感な時期に町でアウトロー集団とつきあうようになったのも想像できる。

いずれにしても、奇行のきっかけが家督問題（結婚）だったことを考えると、豪商の女性として

の常識を生きることに我慢ならなかったようだ。そのまま勤勉な若旦那と結婚していれば、おそらく不自由のない暮らしが続いたはずだ。それをあえてしなかったところに、あっぱれな女だと大坂町人の好奇心をそそり、女侠《じょきょう》（女侠客）伝説をうむ種となったのだろう。馬琴の印象に残った、はっきりとした物言いも、その伝説を彩った。

江戸には、実在したやくざ者が、歌舞伎で侠客として描かれ評判をとっていたが、その女性版はなかった。

それだけに、小万を描いた娯楽作品は、勇み肌を好む江戸で絶賛され、細く長く、人気が続いた。幕末には、人気絵師の歌川豊国（三代）による大ヒットシリーズ『当世好男子伝《とうせいすいこでん》』でも小万が登場。『水滸伝』に登場する女豪傑「扈三娘《こさんじょう》」になぞらえて小万を描いたもので、幕末の水滸伝ブームもあいまって「奴の小万」リバイバルが起きた。

その後も、明治25（1892）年に小説『奴の小万』（村上浪六著）が出版され、侠客ものの講談が好まれた明治後期には『女侠客　小町のお染』（玉田玉秀斎著、明治42年）が爆発的な人気を得た。大正、戦前期まで小万を扱った映画や歌謡曲が製作され、「強きをくじき、弱きを助ける」典型的な女侠客として描かれた。

――政治が混乱した動乱期の幕末、アウトローがブームになっていた。「当世好男子伝 小三娘ニ比ス奴ノ小万」（歌川豊国［三代］、安政６年）。

當世好男子傳
小三娘比ス
奴ノ小万
豊国画
横川彫竹
林庄

近松作品のシスターフッド

江戸時代の文芸で、実在した人物をモデルにした女侠、姐御っぽい役が登場する作品では人形浄瑠璃もはずせない。とくに、義理と人情の葛藤をテーマとした、近松門左衛門《ちかまつもんざえもん》の心中もの(世話物)。義理とは社会のしがらみであり、人情とは、それに対抗する自然な心情を指す。ときに過剰なほどの侠気で義理と人情をあらわにする女性たちは、今こそ光り輝いてみえる。

❖「恋愛イコール死」という心中もの

此の世の名残夜も名残　死にに行く身を譬《たと》ふれば　あだしが原の道の霜
一足づつに消えて行く　夢の夢こそあはれなれ　あれ　数ふればあかつきの
七つの時が六つなりて　のこる一つが今生の　鐘のひびきの聞きおさめ
寂滅為楽《じゃくめついらく》とひびく也

音曲と語りの名調子ぶりで知られる近松門左衛門の心中もの『曽根崎心中《そねざきしんじゅう》』の、道行《みちゆき》の場面である。

近松の『曽根崎心中』は、実際に起きた心中事件をもとにした作品。人気のあまり、主人公のお初と徳兵衛をまねた心中事件が江戸にも飛び火するなど、社会現象にもなった。幕府は、扇情的な心中という言葉を「相対死《あいたいじに》」と呼ばせ、禁令を出すなどして対処したが、人の心までは縛れなかった。上方を中心に心中事件は相次ぎ、浄瑠璃や歌舞伎に脚色されていく。

心中が話題となった元禄時代は、いわば江戸のバブル期。恋愛から発展した事件が芝居などの題材になっていた。死すら娯楽として消費しようという享楽的なムードが世間を覆っていたのだ。

いっぽうで、人々は死出の旅路をゆく男女に魅せられつつ、憐れみ、同情した。例えば、「死に切って嬉しそうなる顔二つ」「心中はほめてやるのが手向けなり」と、情死に対する素直な感想も残っている。『曽根崎心中』の無常観あふれる語りは、人々の心に鎮魂歌として響き、物語の背景にある義理と人情のもつれというテーマに感じ入ったようだ。愛し合う男女が、社会のしがらみや非情な金の世界(義理)に縛られ、自然に湧き上がってくる感情(人情)を貫くことができない。その苦しみから逃れるため、最終的に死を選ぶ。一緒に死んで初めて、義理と人情のもつれから解放されるのだ。

職業身分制社会で生きていた当時の人にとって、義理と人情のもつれは、現代人の想像を超える切実な問題だった。義理と人情をベースに生きている当時の人にとって、それが崩れることは生をまっとうできない悲劇を意味した。だからこそ、義理と人情のバランスが崩れて起きる悲劇には敏感だった。例えば、極度に義理に縛られた関係をみたときは、人情の関係に至ってほしいと願い、それが叶わなかった場合、憂き世の非情さを再確認して泣いた。

現代人のモラルでは、若いふたりが恋愛で死ぬなど愚かなことだと考えがちだ。だが、近松劇を通してみると、当時の人の心情がときに腹の底に落ちてくる。それは、形は違っても、似たような人間関係が今もあるからだろう。例えば、**セクシャリティや性自認ゆえに自死を選んだり、結婚をあきらめたりといった、自分の力ではどうにもならない状況**である。「義理」にしても、「しがらみ」という形で今なお多くの日本人が縛られている。ちなみに、よく聞く「義理人情」は、「義理＞人情」の意味であり、義理が勝った言葉。義理が人情を絡めとる、日本的な表現だ。

近松自身も、下級武士から没落し、社会の底辺に近いところに暮らした時代があった。文芸の世界ではいわゆる「士農工商」の境界があいまいではあったが、近松が、町人と同じ高さで暮らし、市井に生きる登場人物たちの心の底へ降りていく作業を経て、普遍的な物語がうまれたのだろう。

心中ものの主人公の多くは、大坂の町人。町人であることを誇り、武士をしのぐ気概をもつことをひそかに理想とした人々である。主人公が、あえて武士道由来の「義理」を誇りとするのは、そんな土地柄、心映えを託したものだろう。例えば、近松の『夕霧阿波鳴門《ゆうぎりあわのなると》』の「侍とても尊からず、町人とても賤《いや》しからず、尊いものはこの胸ひとつ」という有名なフレーズにも、その思想はあらわれている。普段、損得勘定を意識して生きる町人だからこそ、その誇りをこめたこのセリフは人々の心に響いたのだ。

❖妻と愛人のシスターフッド

近松の心中ものでは、『心中天網島《しんじゅうてんのあみじま》』も道行の場面が絶品である。物語の運びも語りもきわめて洗練された代表作だ。ここでは現在、視聴しやすい映画版の『心中天網島』（監督：篠田正浩、昭和44年）を例にあげたい。

『心中天網島』DVD（東宝）

映画には黒子《くろこ》が登場したり、セリフ回しが歌舞伎風になったりと、浄瑠璃と歌舞伎を意識した演出になっている。グラフィックデザイナーの粟津潔《あわづきよし》による美術、現代音楽家の武満徹《たけみつとおる》の音楽が先鋭的な印象を与え、芸術家としての近松への敬意があふれる作品だ。

メガホンをとった篠田正浩と公開当時、私生活でもパートナーになったばかりの岩下志麻が主演。遊女と商家のおかみさんの二役を見事に演じ分けている。

原作の初演は、主人公である遊女・小春《こはる》と商人の治兵衛《じへえ》が大坂・網島の大長寺で心中した享保5（1720）年。事件を聞きつけた近松が、帰宅したその日の晩に脱稿、2か月後には初演。翌年には江戸で歌舞伎化された。

主な登場人物は、治兵衛（中村吉右衛門）、小春（岩下志麻）、治兵衛の妻おさん（岩下志麻＝二役）。治兵衛は、家業の紙屋そっちのけで小春のもとに3年間も通いつめているが、身請けする金がないため、心中を誓い合うようになっている。それを知ったおさんが小春に密書を送り、夫を死なせないでほしいと依頼。商売もふたりの幼児の養育もひとりで切り回すおさんを案じた小春は、おさんの頼みに応えることを誓う。

この**女同士の義理立て**が、最大のテーマとなる。普通、男女の三角関係は男女の愛憎劇がドラマとなり、妻と愛人は対立しがちだ。だが『心中天網島』では、**女同士の前向きな感情劇という珍しい視点が初演時にも評判を呼んだ**のである。

脇には、治兵衛と対照的な男ふたりが配され、治兵衛の軽薄、優柔不断、自分本位、そして女郎蔑視……といった人間性を際立たせる。ひとりは治兵衛の兄・孫右衛門（滝田裕介）で、向こう見ずな治兵衛を冷静に叱る理知的な立場。もうひとりは、小春を身請けしようとする豪商・太兵《たへ》衛《え》（小松方正）。「この世はすべてが金や」と豪語し、金にあかせて小春を手に入れようとする中年男だ。このふたりが効いて、自己愛と金に右往左往する治兵衛の愚かさが、痛切に迫ってくる。

❖自分の本心を大事にした女たち

小春とおさんの秘密の義理立ては、次のように進む。

まず、小春がおさんへの返信の手紙で、「愛想《あいそ》づかし」を約束する。「愛想づかし」とは、惚れ合った男女が、相手のためにあえて心にもない縁切りのそぶりを見せること。歌舞伎や浄瑠璃ではこれが構成上、大きな効果をみせる。

続いて、おさんの思わぬ方向へ話が転がる。小春が豪商の太兵衛に請け出されることになったのだ。それを治兵衛から知らされたおさんは、小春がやけになって自死するつもりだと勘づき、今度は小春を死なせまいと奔走しはじめる。このときのおさんの心情は、「あまり悲しさ女は相身《あいみ》互事《たがいごと》」「是程の賢女」といった彼女のセリフにもあらわれている。「賢女」とは、にっくき敵であったはずの小春のことだ。

おさんは小春を救うため、地道に貯め込んできたへそくりで身請けしようと思いつく。「相身互事」として、相手の誠実さに応えたいと女ふたりがあがく姿が、畳みかけるように展開していくのだ。

本来は憎み合う立場にいるのに相手の心を理解できるのは、義理のしがらみのなかでもっとも弱い立場に生きる女同士として、相手を思いやれるからだ。

近松は、そんなふたりに最大限の敬意をあらわすため、女の義理のドラマに仕立てた。最後の情死も、女ふたりの侠気に応じたものだ。

近松作品の女性の多くは、自分の本心を大切にする。おさんの場合、まず「妻の務めとして」夫の治兵衛を守るために、「治兵衛が惚れた小春」を守ろうとした。そして、小春の死の決意を察すると、女同士の一分のほうが守るに足ると確信し、夫への複雑な感情は切り捨てる。つまり、状況に即して小春への義理を選んでいったのだ。その間、小春もおさんもそれぞれ自分の本心に気づき、互いの本音を読んでいる。

いっぽう、治兵衛は、てきぱきと金策をはじめるおさんの後ろでおろおろするばかりで、妻の心の揺れに気づかない。おさんが「女ちゅうもんはひとりの男にこうと思いこんだら、後には引かんもんや」と言うのを聞いてようやく、女たちの真心に気づくというていたらくだ。

最終的に、治兵衛は小春を連れ出すことができ、死の道をともに歩く。歩きながら、「逃げて生き延びようか」「おさんと子どもたちはどうなるのか」などと迷いや矛盾をあらわにする姿が生々しい。治兵衛の言動は一貫して愚かではあるが、小春への恋心という点では極端にまっすぐなのだ。

治兵衛と小春は、感情が高ぶるままたどり着いた墓場で身を重ねる。この快楽の描写は、映画版ならではの特徴だ。逃げ出したときに降っていた雨は雪になっており、治兵衛の名を刻んだ墓石がさりげなく写ってふたりの行く末をほのめかす。

原作では、死に場所を求めてさまようふたりの背後で奏でられる浄瑠璃「名残の橋尽くし」が、道行の芸術性を高める。治兵衛が朝夕渡った天神橋からはじまり、梅田橋、緑橋……と橋づくしの幽玄な歌詞だ。淡々とした内容だが、橋とはあの世に通じる道を意味し、現世では小春のもとへ通った恋の道でもあり、含みがある重層的な世界観をもたせている。

映画では原作同様に、小春が最期までおさんへの義理を立て、治兵衛とは少し離れた場所で死ぬ。髪を落とし、「今度生まれるときは、女郎には生まれとうない」という言葉を最後に、治兵衛に刺されて先に息絶える。

❖「女の啖呵」はなぜ特別？

浄瑠璃・歌舞伎『夏祭浪花鑑《なつまつりなにわかがみ》』（並木千柳作）も、女性が義理を通す姿を描いた作品である。その姿は小春とおさんよりも強烈である。

『夏祭浪花鑑』は、市井の人々が義侠心から殺人犯の男をかくまうという筋。殺人といっても同情の余地があることから、人々はそれぞれ男との義理に即して、救いの手を差し伸べる。

ただ、若く美しい、夫ある女性が殺人犯の男を助けようとしたとき、周りの人たちは色男だからと心配し、「同じ家に置いたらマズい」と反対する。すると、一度引き受けたことをやめるのは耐えられないと、女性は猛反発。意地のあまり、焼けた鉄の火箸を自分の顔に押しつけ、「これなら文句あるまい」と迫るのだ。

この壮絶な意地が彼女にとっての義理立てであり、弱者救済という物語のテーマ――人情を際立たせる。義理と人情がぶつかり合ったこの瞬間の、あまりにも強烈な行いに、観客は息をのむ。『心中天網島』の小春も、原作では「刀を捻じ曲げるほどの意地」と表現されたように、浄瑠璃や歌舞伎の世界では、女の侠気はときに当たり前のこととして描かれてきた。

義理を立てる、つまり庶民が自分の気持ちをあらわすために意地を張ることは、こうした物語においては自然な描写だったのだ。ただ、そこで前提となるのは、義理を行う人物の心映えが清らかで誠実だということ。もし気持ちにブレがみえれば、単なるわがままだとみなされる。この女性の場合、殺人者の心根が善人だと信じ切っていることが、義理立ての根拠となる。だから彼を助けることは自分の正義であり、誇りでもある。「意地を張る」とは、我を張ることではないのだ。当時の観客もこうした価値観を共有していたから、彼女の精神に感じ入り、涙した。

このように複雑な「義理」という感情を現代的に言いあらわすのはやや乱暴だが、近いのは「矜持」という言葉だろうか。ただ、当時の庶民にとって義理をあらわすことは右のように格別で非日常的なことであり、だからこそ誰もが納得する純粋な根拠が問われた。

女性が、自分のやり方はこうなのだと訴える言葉は、今の私たちの心にも響く。

意見の表明に潜在的な憧れがあるのは、いつの世も変わらない。今よりはるかに大きな抑圧を受けていた江戸の女性たちが啖呵を切る姿を見て、現代の私たちの胸は、すっとする。ただ、同時に胸が絞られるような気もするのは、彼女たちの立場があまりに弱く、思いがあまりに切実だったと知っているからだ。

このように、江戸時代には今私たちが想像するよりはるかに強い女性たちもいて、歌舞伎などの「文化」になったほど愛されていた。

時代が下り、江戸後期に封建体制が崩れていくと、女性の生き方も変わりはじめ、物語でも現実社会でも新しいタイプの女性が出てくる。そして、黒船来航にはじまる幕末のうねりのなかで、世間の常識に抗うような「姐御」たちが現れるのだ。

2章

幕末・明治を生きた姐御たち

幕末の動乱というと、外国人を狙った殺傷事件や政治劇がドラマなどでもおなじみだ。物語の主役となるのは、坂本龍馬や西郷隆盛ら若い「志士」たち。女性にはほとんどスポットがあたらないが、この時代、女性の世界も大きく動いていた。旅を楽しむ余裕もうまれたし、働いて現金を得たことで、家のなかで発言権をもった女性すらいた。

不安定な幕末維新期に人気を得た「悪女」「毒婦」といった「強い」女性たちのなかには、自分本来の力を発揮して強くあろうとした人もいたし、お上の意図によって断罪されるほどの力をもった女性もいた。

明治なかばになると、「良妻賢母」教育の広がりとともに、今イメージされる「むかしのか弱い女性像」が確立されていく。欧米列強に並びうる、強く、豊かな国をつくる男性たちを支える女性が求められたのだ。

近代化という名のブルドーザーが多様な女性像を強制的にならしていくなか、それでもタフに生きた姐御たちをみていこう。

幕末の人気役者たちが女侠客や女盗賊に扮した、いわばスター悪女づくしの浮世絵。
中央が「三島おせん」。「東都不二勇気の肌」（豊原国周、元治元年）。

幕末「毒婦」「悪女」ブーム来る！

❖性的魅力を断罪された女たち

幕末～明治初期の歌舞伎や錦絵には「悪女」「強い女」がよく登場する。例えば、盗みや詐欺、殺人を犯した「悪婆《あくば》」は、歌舞伎では年増女性の悪役として定番。幕末のスター役者、三代目・澤村田之助が元治元（１８６４）年に演じた盗賊「三島おせん」はとくに有名だった。

人気絵師に描かれた悪女たちは、混沌とした時代を反映したのか、頽廃的で荒々しい絵柄が目立つ。なかでも、高橋お伝《でん》などの「毒婦」と呼ばれた女性を描いた浮世絵は、ひとつの娯楽ジャンルになるほど流行した。

高橋お伝は、自分をだました男を殺した罪で斬首刑となった。浮世絵などが広まったことで「（ふしだらな）毒婦」のレッテルを張られてしまったが、事件の真相は、借金に苦しんでいたお伝の弱みにつけ込んだ男が、彼女の体をほしいままにするため仕組んだものだった。男がお伝に暴行しようと包丁で脅してきたため、抵抗してもみ合ううちに刺殺してしまったといわれる。いわば正当防衛だ。事件が起きた明治12（1879）年には早くも市村座で人気役者の五代目・尾上菊五郎がこの話を演じて大当たりをとり、それを同年、豊原国周が浮世絵に仕立てた。また、仮名垣魯文《かながきろぶん》による小説『高橋阿伝夜叉譚《たかはしおでんやしゃものがたり》』（同年）も話題を呼んだ。

月岡芳年が描いた「妲妃《だっき》の於百《おひゃく》」のように、「美貌で男をたぶらかす悪女」も、この時期に人気の題材だ。

お百は、豪商・鴻池善右衛門に身請けされた祇園の遊女で、古代中国・殷《いん》の紂王《ちゅうおう》の寵姫《ちょうき》・妲妃がモデル。紂王を虜にして600年も続いた王朝を滅ぼした妲妃になぞらえ、歌舞伎役者らと不義密通を重ねる悪女として描かれる。支配層をおびやかす女性も悪女とみなされた。

物語のなかの悪人は、善人より強い存在感を放ち、その刺激で観客を魅了する。悪人たちの並

高橋お伝を描いた小説『高橋阿伝夜叉譚』（仮名垣魯文、明治12年）も、当時の毒婦ブームに一役買った。

この浮世絵では、夫を次々に変えながら秋田藩士の内妻におさまったというお百を描いている。「美貌で男をたぶらかす悪女」も幕末～明治初期に人気のモチーフ。「英名二十八衆句 妲妃の於百」（月岡芳年、慶応3年）。

外れたエネルギーと想像もつかない野蛮さは、良くも悪くも人々の目を引いてきた。なかでも、「悪女」「毒婦」は数も少ないだけに、人々にとって格好のゴシップとなったのだ。

❖悪女ブームの到達点、女豪傑たちの『傾城水滸伝《けいせいすいこでん》』

『ゴーストバスターズ』（2016年）、『オーシャンズ8』（2018年）など、人気作品の登場人物を女性に置きかえた映画などが近年、目立つようになった。世界的なフェミニズムの潮流に乗るものだろうが、「女版○○」はじつは日本では古くから定番人気のジャンルである。

『傾城水滸伝』第2編（歌川国安画、文政9年）。人気のあまり3刷まで版を重ね、版木がすり減るほどだったという。

例えば、曲亭馬琴による長編娯楽小説『傾城水滸伝《けいせいすいこでん》』（文政8～天保6年）。幕末から明治初期の悪女ブームのひとつの到達点ともいうべき作品だ。

内容は、中国の『水滸伝』の登場人物を女性に置きかえ、男のように戦う女たちの活躍を描いたもの。売れっ子絵師の歌川豊国・国安・貞秀による挿絵も人気を後押しし、版木がすり減って3版まで出版されるほどヒットした。物語の完結前に作者の曲亭馬琴が死去したため、続きは『女水滸伝』とタイトルを変えて笠亭仙果《りゅうていせんか》が完成させている。

中国版『水滸伝』は、明の時代を舞台に、腐敗した役人に反旗を翻す108人の豪傑を描いた長編小説で、日本では18世紀なかばから岡島冠山《おかじまかんざん》が全巻を和訳した。『傾城水滸伝』では、この豪傑たちを勇婦・女韋駄天《おんないだてん》・女武者・烈婦・賢妻などに変え、男の武の世界で義を体現する女たちを「男優《おとこまさり》」と称える。中国の原作に登場する3人の女性は『傾城水滸伝』では男性になっており、すべての人物が男女逆転している。なお、「傾城」とは国を亡ぼすほどの美女という意味だが、『傾城水滸伝』では宿敵の亀菊を指す蔑称である。

馬琴といえば、同じく『水滸伝』をモチーフとした『南総里見八犬伝』も有名。江戸後期から幕末にかけて空前の水滸伝ブームが起きており、浮世絵でも歌川国芳、歌川豊国（三代）ら人気絵師が、豪傑たちを侠客に置きかえたシリーズ作を描き、飛ぶように売れていた。例えば、国芳の『通《つう》俗水《ぞくすい》滸《こ》伝《でん》豪傑《ごうけつ》百八人《ひゃくはちにん》之一個《のひとり》』は、「武者絵の国芳」として地位を確立するほど世に広まり、手ぬぐいなどの水滸伝グッズが流行。豪傑をまねて刺青を入れる町人が増えたほどだ。

ブームの背景には、幕末の不穏な世相も関係している。相次ぐ天災や貨幣経済の浸透により、それまでの封建秩序が崩壊。人・物・カネが動く関東の街道沿いや港を中心に、博徒が集団武力

明治10年の西南戦争を戦った旧薩摩藩士らを、なんと女性に置きかえ、人気役者らが演じたら……というジェンダーを越境する設定の浮世絵。西郷隆盛（坂東彦三郎）は「西郷おたか」になっている。政府と戦った西郷も反権力の象徴だった。「鹿児嶋女水滸傳」（豊原国周、明治10年）。

をなして社会問題となっていた。さらに、黒船以降の政治の混乱で幕府の求心力が失われ、先の見えない社会不安が世を覆っていた。こうしたなかで、反権力の象徴である水滸伝の人物たちを、弱者を助ける侠客になぞらえて描く物語が受けていたのだ。

下総国・香取郡（現在の千葉県北部）を舞台に、飯岡助五郎と笹川繁蔵・勢力富五郎の抗争を描く『天保水滸伝』、国定忠治の物語『嘉永水滸伝』、小金井小次郎と町火消しの新門辰五郎の交流を描く『慶応水滸伝』など、大物博徒を描いた「幕末版水滸伝」も次々誕生。これらは、歌舞伎や浪曲、映画などを通して明治以降も親しまれている。

さて、『傾城水滸伝』には下地となる作品がもうひとつあった。少し前の江戸後期に売れていた『絵本三国妖婦伝』（高井蘭山作、蹄斎北馬画、享和3年～文化2年）だ。内容は、美貌で権力者を手玉にとる妖婦が、退治に来た陰陽師を言い負かして大恥をかかせるというもの。この妖婦は、「揚巻という楊貴妃、櫻に迷う煩悩の犬桜」「いかさま揚巻といぅばいた」などと作中で罵倒されるのだが、なぜか読者を惹きつけた。そのヒットの秘訣は、庶民が大好きな花魁・揚巻をモデルにしてつくり上げた人物像にあった。「妖婦」と罵られながらも強さを失わない悪女は、とくに女性読者から支持されたという。

❖江戸の女子が憧れた、強くて新しい女とは？

こうした筋の物語は当時の女性の間で、ひとつのトレンドになっていたようだ。例えば、『傾城水滸伝』が完結した江戸後期には、為永春水《ためながしゅんすい》の『春色梅児誉美《しゅんしょくうめごよみ》』（天保3～4年刊）が人気だった。登場する女性たちは、娘義太夫《むすめぎだゆう》（三味線を伴奏に義太夫を語る女性）や芸者として働いて男性を支える。当時、女子の習い事として定番だった三味線を武器に世を渡っていく姿が、出世物語として憧れをかきたてたらしい。

『春色梅児誉美』の女性たちは、「女伊達」「女丈夫《おんなだて》」などと称され、いかにも強そうなイメージを与える。だが、作中では馬琴の『傾城水滸伝』『南総里見八犬伝』の戦う女たちを見下すようなセリフが出てくる。三味線で生きる自分たちは、武力で生きる女たちとは違うのだ、という優越感がにじんでいるのだ。

『春色梅児誉美』の女伊達たちは、手に職をつけて世を渡っていく自分にプライドをもっているが、現代人がイメージする「キャリアウーマン」とは違う。作品が掲げるテーマは、あくまでも「男を献身的に支える女」。読者は「男を支えられる強さ」に憧れたのだ。現代から眺めるとそれは儒教的な女性像なのだが、当時の女性にとってはそれでも新しい生き方だった。

過渡期の女性が強さをまとうのは、近代以降、フェミニズムの波を乗りこなした女性たちをみてもあきらかだ。私たちが気づかなかっただけで、長い歴史を振り返れば似たような波は日本にも何度かあったのかもしれない。それに、架空《フィクション》の強い女性たちに憧れるなんて、現代の女の子とまるで変わらない。

「女伊達・妖婦・毒婦・烈婦・娼婦」と「賢母・賢婦・聖母・処女」は対をなす正反対の女性像だが、いずれも儒教由来の理想像であり、男性が作り出した幻想に過ぎない。だが、その幻をルールとして生きる当時の女性たちは、そこで脱皮しつつある自分たちに自信をみなぎらせていたのだろう。

❖キャリアウーマンを排除する儒教の教え

江戸時代の書籍は幕府の検閲を受けていたから、『傾城水滸伝』も『南総里見八犬伝』も、あくまでも「武士の義」を建前としていた。妖婦、烈婦などの武力をもつ強い女は最後には成敗されるし、妖婦を悪政の要因として描くことで、武士道徳に沿った勧善懲悪ストーリーになっていた。馬琴作品で「猛々しい」と称えられる女性たちも、男性を支えて生きていることが大原則だった。**男を立て、男の領域を侵さなければ**、女がきっぱりと物申して武力を行使しても問題はない。江戸時代の列女、烈婦は、あくまでも儒教的な枠にとどまるものだった。

その基本思想のひとつが、「賢婦賢母」像をモデルとして広めるため、儒教の経典『書経』から広められた次の一節である。

「牝鶏《ひんけい》は晨《あした》する無し。牝鶏《ひんけい》の晨《あした》するは、惟《これ》家の索《つ》くるなり」。時を告げないはずの牝鶏《めんどり》が鳴くような家は絶えてしまう。つまり、女性が主導権を握る家は滅びるという意味だ。

古代中国・殷の紂王は、寵姫である妲妃によって酒色におぼれて国を滅ぼしたという逸話でよく知られた。殷王朝を倒して周王朝を建てた武王《ぶおう》は、この話を戒めとしたという。そして武王の行いは、「古人の過ちに学び、女性を政治の場から排除したから革命に成功した」教訓となり、紂王の逸話も含めて多くの史書や儒教の経典などで受け継がれていった。

「寵姫とは王朝を滅ぼすものだから罰すべきだ」という声が儒教の女性観になると、女性を政治の場から排除することが常識となる。そのことは、理想とすべき女性像を記した多くの『列女伝』

にも書かれるようになる。

❖都合のよい女性啓発本ブーム

『列女伝』は江戸時代初期、日本にも持ち込まれ、武家を中心に浸透していった。やがて、日本女性版の列女伝『本朝女鑑《ほんちょうじょかん》』（浅井了意著、寛文元年）が出版され、女性のための教訓書『女四書』の和訳本にも中国版列女伝から多くの逸話が盛り込まれ、列女伝出版ブームが起きる。また、幕府に「淀君（＝豊臣）」側を滅ぼした記憶がまだ残るこの時期ゆえか、徳川家をはじめとする武家の家訓にも「牝鶏《ひんけい》の害」が盛り込まれた。

町人が財力をもった江戸中期になると、武家以外の家訓や女訓でも「牝鶏の害」が強調されるようになる。儒学の大家である貝原益軒《かいばらえきけん》の『女子を教ゆる法』（宝永7年）は「女が男子のようにものを言うと家が乱れる。家の乱れはたいてい女から起きる」と強調している。この教えはのちの『女大学』（江戸中期以降に広まった最もポピュラーな女子教育書）でも継承された。

儒学者・荻生徂徠《おぎゅうそらい》も同様の主張を繰り返していた。徂徠は、8代将軍・吉宗に献上した『政談』のなかで「大名の妻ほど埒《らち》もなき者はなし」と訴えていた。「牝鶏の害」は、大名の奥や大奥など、身分の高い者の妻のイメージとして定着していたからだ。有名だったのは、5代将軍・綱吉だ。綱吉は、楊貴妃におぼれた玄宗皇帝になぞらえられ、「愚かな側近と寵姫に性欲をコントロールされた将軍」という印象が、実録物などで広まってしまった。この話を通じてスキャンダルの温床とみなされるようになった大奥を、庶民は歌舞伎などを通じ、娯楽として消費した。

こうした流れもあり、江戸後期に幕政改革を担った老中・松平定信は、大奥を強く警戒し、「牝鶏の害」についても独自に考察を重ねる。白河藩主だった25歳頃の日記『修身録』（天明2年）では「牝鶏の害」の傾向と対策を記している。それによると、強いはずの君子が堕落させられるのは、弱いはずの女をあなどって油断するからで、これを防ぐには女性を従順なままに抑えつけておくことが肝要なのだという。「君子は強い（正しい）もの」「女は弱いもの」という儒教のルールを盲目的にあてはめた、ご都合主義の回答である。

「悪女」の誕生と「良妻賢母」への道

今もよく聞く**「女は怖い」という表現は、こうした寵姫批判の歴史を無批判に受け継いできた終着点**だろう。「女によって男が堕落させられる」という考えは「男は性欲から逃れられない生き物だから仕方がない」という、やはり根拠のない話とセットになっている。これは「牝鶏の害」からうまれた悪女・毒婦・妖婦バッシングを経て連綿と続いてきた、免責ではないだろうか。

何を悪とするかは、時代によって変わっていく。歌舞伎や浮世絵などに、強い女や悪女が登場したこの時代、封建体制のほころびとともに女性の生も流動的になった。それまでの社会通念を超えるような女性が出てきて、支配層（武家）から警戒すべき存在、つまり「悪」とされた。

だから、幕末〜明治初頭、歌舞伎などで広まった悪女像は、娯楽として楽しまれるいっぽう、儒教の価値観にもとづいて非難もされていた。だからこそ、加虐性をくすぐる娯楽の主役になりえたのだ。裁くべき対象なのに、喝采を送りたい衝動に抗えない――そのせめぎ合いが、この時代の揺らぐ「強い女」像だった。

なお、幕末期には、藩政改革の一環として全国に藩校ができたことで、儒教のリバイバルが起きていた。手本とすべき賢婦・賢母像がアップデートされ、のちに明治政府が確立する「良妻賢母」像の模索がはじまっていたのだ。

藩校の総本山である幕府の学問所・昌平黌《しょうへいこう》の教授になった安積艮斎《あさかごんさい》は、江戸初期に輸入された『列女伝』の伝統を時代に合う形に書き換えた『烈婦伝』を出版。艮斎のもとでは、吉田松陰、清河八郎、岩崎弥太郎、小栗忠順ら幕末の社会を動かした武士らが学んでおり、全国の藩校に少なからず影響を与えていく。

幕末の女性はキャリアウーマンになれた

「戦後強くなったのは、靴下（ストッキング）と女性」

戦後、女性に参政権が認められてから10年ほど経った頃に広まったこのフレーズは、朝日新聞記者の門田勲が昭和29年頃に紙面で紹介したものだった。門田の著作『古い手帖』によると、愛媛県の農業協同組合の男性が、「ここらの農家のカカアどもがほんまに強うなりくさって」と話したそうだ。発言内容が当時の実態をずばりあらわしていたから広まったのだろう。

もうひとつ、女性の時代的な変化をあらわす有名な言葉に「女性の社会進出」がある。この言葉は、昭和61（1986）年の「男女雇用機会均等法」施行を機に広まったものだ。この数年前には、国連で採択された「女子差別撤廃条約」が発効。女性が家の外で働くようになり強くなったという見方も一般的になり、それが「女性の社会進出」というフレーズになった。

これらの「強くなった」とされる女性に共通するのは、「経済的に自立傾向にあった」こと、「はっきりものを言うようになった」こと、という2点である。

現金収入を得ることで発言権も得て強くなった庶民の女性が現れるのは、大きく時代をさかのぼり、じつは幕末期のことだった。この時代、地方の農村にも貨幣社会が浸透して、女性も男性とともに消費社会を動かしていた。識字率も高かったことから、才覚ある女性は自分の力で封建社会の垣根を飛び越えられたのだ。読み書きと知力、経済力を手にした女性たちは、新たな強さを身に備えた。初期「キャリアウーマン」たちを紹介しよう。

❖カネを手にして「かかあ天下」に

「男は外で仕事、女は家事・育児」というモデルが一般的となったのは、明治期、近代産業社会に移行してからのことだ。同時に、生産活動から切り離された「主婦」が登場する。

それ以前の江戸時代までは、庶民の女性は家の中で重要な労働力とされていた。女性を働き手とし、消費経済を動かしたもののひとつに養蚕がある。もともと農家では女性たちも主要な働き手であり、糸つむぎや機織りは伝統的に女性が行ってきたことから、養蚕は農家の副業としてはじめやすかったといわれる。とくに、甲州（山梨県）や上州（群馬県）など関東の畑作地帯で養蚕が広まり、幕末の開国後、生糸が主要な輸出品に躍り出ると、さらに発展する。「上州名物、かかあ天下にからっ風」という言葉は、現金収入に結びつく養蚕に従事して発言権を得た女性をあらわしたものだ。

養蚕がさかんな土地では、貨幣経済が発達して格差がうまれ、秩序を崩壊させた。例えば、上州や甲州の街道、宿場、船運の拠点である土地では人と物が行き交い、人々の消費欲や投機への欲望をあおり、博徒に転じる者が増えた。

さらに、養蚕の技術と経営権を手にして、一家の主導権を握る女性たちまで現れる。養蚕が米・穀類を超える収入源となった農家では、女性の働きが家計収入に直結したから、経営能力のある女性が大きな顔をするのは自然なことだった。

養蚕は桑を育ててから糸をつむぐまでの行程が多く、根気のいる仕事だったが、働いたぶんだけ現金が自分のもとに入ってくる充実感に、女性たちは惹かれた。また、大規模な養蚕農家に雇われた女子奉公人への給金も悪くなかった。天保期（1834〜1845年）の桐生《きりゅう》の工女は、多くて年6両（1両は江戸後期〜幕末で約1〜5万円）、通常でも3両が支給され、男性の1〜4両を上回っていた（高橋敏『国定忠治を男にした女侠　菊池徳の一生』朝日新聞社）。

❖離婚の自由をもぎとる

上州の女性が養蚕で意気さかんになっていく姿は、江戸後期の離縁状にもあらわれている。

例えば、実質、妻からの離婚要求といえる「飛び出し離婚」。妻が、今でいう慰謝料を自ら払うか、結婚時に用意した持参金を放棄しなければならないというシステムだ。妻に不利なように思えるが、養蚕によって自由にできる収入がある女性は、望まない結婚生活を自分の意志で終わらせることができるので、むしろ魅力でもあった。あるいは、離婚後に養蚕奉公に出て後払いするという約束をしてまで離縁した女性もいた。

金さえあれば、好きでもない夫と別れることができるというのは、この時代の女性にとって大きな安心材料だったに違いない。

夫が妻に渡す離縁状には、原則として、離婚するという事実と、妻の再婚の自由を認めるという主旨が3行で記されていた。渡される妻にとっては再婚承諾書でもあり、「其元《そこもと》望ニ付《つき》いとま差《さし》遣《つかわし》候《そうろう》」のように、妻の希望を文言に入れた離縁状もあった。また、「手ま金として金壱両《きんいちりょう》弐分《にぶ》」の受け取り証文が離縁状に添付されている例もあり、これは、労働契約としての結婚の実態を示しているという（森安彦『古文書からのメッセージ』三省堂）。逆に、離婚後の生活保障として妻に持参金を返却したり、金銭を支給したり、子への形見分けという名目で土地や金銭を与えたりする例もあった。

女性が財産権を失い、家父長制のもとで発言力も失ったのは明治以降のことで、比例して離婚率も低くなる。女性が結婚において相続権・財産権を保証されていたという面では、江戸時代のほうが現代に近かったともいえるのだ。

幕末マインドが生んだ姐御たち

幕末、江戸の町娘たちの生き方も変わりつつあった。

「江戸時代の女は弱かった」という通説があるが、そう簡単に一般化できるものではない。下町と山の手で女性の生き方がまるで違ったように、国（藩）や地域、職業、家格、時代背景などのさまざまな要因により、女性の生涯は一様ではなかったからだ。

もともと、儒教的ルールを意識させられながらも異なる現実を生きていた町娘たちは、それぞれのやり方で「女らしさ」を無視するようになる。

❖「ぐうたら」な町娘

商品や店舗の宣伝として、また役者のピンナップとして大量消費されていた浮世絵には、時代がよく映し出されている。なかでも人気ジャンルの美人画には、時代が求めた女性像が切りとられ、風俗の変化や世間からの目線とともに、ときに演出された姐御の姿も描かれていた。

浮世絵に「教訓絵」というジャンルがある。女性の一生の代表的な段階を想定して準備や教訓を説いたもので、女子教育の一環として制作された。「教訓」というと堅苦しい印象があるが、著名な絵師の作品は見る楽しみも意識して描かれていて、広く親しまれた。現代でいう「学習まんが」みたいなものだろう。

例えば、晩年の喜多川歌麿による『教訓親の目鑑《かがみ》』（全10図）は、親への教訓という体裁をとり、「親の目を盗んで気ままにふるまう今どきの娘たち」を描いている。表情やしぐさにユーモアがあり、上から説き伏せるようなトーンがあまり感じられない。しかも、結婚前の若い娘がどのような規範のなかで生きていたのかを赤裸々に見せていて、興味深い。

好例が、『俗ニ云《いう》ばくれん』と題した作品。「ばくれん」は「莫連」と書き、「じゃじゃ馬」「お転婆」「すれっからし」などといわれた娘のこと。1章で述べた「おきゃん」もこれにあてはまり、おもに武家の女性が学んだ『女大学』的な儒教の価値観とは正反対の娘を指す。

描かれたばくれん娘は、片手に茹でたカニを、片手に酒が入ったグラスを持ち、ぐいぐい飲んでいる。前髪を白い紐でヘアバンドのようにしてまとめているのは、飲食に集中する姿を表現したのだろう。そして、もうひとつの見どころは、あらわになった腕と胸元。注記には「ただいろけなきとのみ見すれども実情にあらず」とあり、こんな娘でも色気があるのだと解説している。教訓という名目を使うことで、若い女性の色気を売りにしたのでは……と、うがった見方もしたくなる。同時に、美人画でおなじみの歌麿だけに、ごく普通の町娘の多様な魅力を引き出そうとの意欲も感じられる。

同シリーズにはほかにも、朝寝坊して寝ぼけまなこで歯を磨く娘『俗ニ云ぐうたら兵衛』、寝転がって男児向けの軍記ものの『太平記』を読む娘に、巴御前《ともえごぜん》の真似をしないよう説く『理口者』などがある。いずれも「真似をしてはいけない」例としながらも、愛すべき個性としても描いているのが特徴だ。

このように、求められた「女らしさ」からはみ出していた庶民の娘の実態や、世間のおおらかな目線が垣間見えて、杓子定規な女性だけではなかった現実が浮かび上がるのだ。

❖「あねご」と呼ばれた火消の妻

幕末の浮世絵には、いかにも姐御らしい人物を描いた浮世絵が多く登場する。

月岡芳年『風俗三十二相　じれったさう　嘉永年間鳶妻《あねご》之風俗』（P52）はその名の通り、黒船が来航した嘉永年間を舞台にした作品（出版年は明治21年）。題の「鳶妻」とは鳶職の妻、つまり火消の妻である。「鳶妻」には「あねご」とルビが振ってあり、「姐さん」「姐御」と呼び習わされていたことがうかがえる。この姐御は、夫の帰りを待ちわびているのか、危険な仕事をする夫を案じているのか「じれったそう」な表情をしている。

——無心で蟹を食べる、酒を楽しむ、寝ぼけまなこで歯を磨く…。
描かれるのは、現代と変わらない、どこにでもいる女子の姿だ。
「教訓親の目鑑　俗ニ云ばくれん」（喜多川歌麿、19世紀前期）。

教訓
親の目鑑
俗ニ云
ばくれん

「あねご」と呼ばれていたらしい火消の妻。背後にはいなせな火消半纏が見える。「風俗三十二相　じれったさう　嘉永年間鳶妻之風俗」（月岡芳年、明治21年）。

木造家屋が当たり前だった当時は、類焼を防ぐため建物を破壊する消火方法がとられていた。そのため、町火消の多くは鳶職人で、危険な現場仕事にもまれた荒っぽい男が多かった。その気風に、妻も染まったのだろう。気の強そうなつら構えに、切り前髪、茶の格子柄の着物という、いかにも江戸の姐御らしいあだなルックスだ。渋好みの江戸で、茶色と鼠色はもっとも流行った色のひとつだった。

江戸の名物だった火事と喧嘩を代表するエピソードが、加賀藩抱えの加賀鳶と、下谷《したや》万年町の博徒・新蔵兄弟との騒動である。喧嘩の始末は町火消しの頭衆が仲裁したと伝わる。幕末の実話集『幕末百話』（篠田鉱造著、岩波書店）によると、湯島天神の男坂上の料理店『松金屋』で行われた手打ち式に集まった頭衆は「ノゾ卯、木遣安、半纏幸次、元次郎、お蝶、頭の金太」。火消の頭に女性がいたという史実は確認されていないが、代理を務めた「姐さん」が、この「お蝶」だったのかもしれない。

❖孝行娘から不良娘へ

幕末、日本を訪れた外国人が一様に仰天したのが、性産業があまりタブー視されていないことだった。といっても、現代的な意味で女性に職業選択の自由があったわけではない。「親孝行」という美名のもと、家計を助けるために娘を遊郭に売るのが珍しくなかったからだ。「忠より孝」が、庶民道徳の基本だった。

親孝行のために娘を売って遊女や芸者にすることが一般的だったのは、手本とすべき女性像を紹介した数々の『列女伝』をみても明らかだ。江戸初期の『本朝列女伝』（黒沢弘忠著、寛文3年）は、全10巻のうち「妾女伝」「妓女伝」にそれぞれ1巻を割いている。妾と芸者が、女性の生き方のひとつとして広く知られていたということだ。

遊女もまた、列女伝や職業名鑑でよく知られた職業だった。揚巻のように、江戸の華となった花魁は歌舞伎や浮世絵に描かれ、姐御風のイメージをまとった者もいた。

例えば、歌川豊国（三代）の『傾城恋飛脚《けいせいこいびきゃく》　梅川忠兵衛　新口村《にのくちむら》の段』。近松門左衛門の浄瑠璃『冥途《めいど》の飛脚《ひきゃく》』のヒロインの遊女・梅川を描いている。『冥途の飛脚』は、梅川と大坂の飛脚問屋の忠兵衛との悲恋物語で、ふたりが破滅に向かうクライマックスがこの浮世絵に描かれた「新口村の段」だ。

浮世絵は、大胆に配した浄瑠璃の稽古本と、奇抜な着物の柄が絶妙な画面構成ではまっている。文字をグラフィカルに活かすという現代的なセンスについ目がいくが、その前面に立つ梅川の存在感も強烈で、ファッションセンスなどから幕末らしいアウトサイダー風にアレンジされていることがわかる。着物は、助六や仁木弾正など、歌舞伎の悪役や侠客に扮したこうもり柄。裏地の赤も小面憎いほどに効いている。このように、見ようによっては悪趣味で、ハードコアな柄が似合うのが幕末に描かれた姐御の姿だった。

幕末版「女教」のススメと三味線道

江戸後期以降、全国的に識字率があがっていった。幕末になると、都市部では女子も読み書きを習うのが普通となり、三味線を習うことも流行。三味線という、自活できる〝技〟を身につけたことで自信を得た女性たちは、女子の社会を大きく変え、さまざまな文化にも影響を与えた。

――浄瑠璃の初演から100年以上経つと、悲恋のヒロインも凄みを感じる姐御風に。退廃的でハードコアなムードが漂う。「傾城恋飛脚　梅川忠兵衛　新口村の段」（歌川豊国［三代］、文政10～天保15年頃）。

❖江戸の女教師

江戸中期には、庶民の女性も寺子屋（手習い）へ通うのが一般的となり、黄表紙《きびょうし》などの娯楽本を通して読書を楽しむ女性も増えていた。

江戸では、女性が師匠を務める寺子屋の数が全国的にみて突出して多く、下町では女子生徒のほうが男子生徒より多い寺子屋もあった。江戸の女師匠が教えたのは、読み書きの基礎に加えて、生け花や茶、裁縫、三味線、琴などの分野である。なかでも琴の師匠は高尚な印象をもたれていて、門下生も武家や豪商の娘が多く、収入もよかった。男師匠の寺子屋では門下生を男子に限る例が多かったのに対し、女師匠は男子にも開放的だったというデータもある（大口勇次郎「明治維新期のリテラシーとジェンダー」、『講座　明治維新9　明治維新と女性』所収、明治維新史学会編）。

いっぽう、地方の農村部でも寺子屋通いは一般的になったが、女子の場合、豪農であっても裁縫以外の塾には行かないケースも多く、家ごとに教育されていた。武家の娘は手紙が書ける程度、農家の娘に読み書きは無用という意識が、全国的な社会通念だった。

幕末の水戸藩士の聞き書きを収めた『武家の女性』（山川菊栄著、岩波書店）によると、武家の娘は6歳くらいで手習いの師匠に弟子入りしたという。師匠は子をもつ女性であることが多く、読み書きからはじまり、『女大学』、『女今川』、『女庭訓』、『女孝経』などの儒学の教育書を学ばせた。

❖「家事と裁縫」より「踊りと三味線」！

庶民の暮らしぶりを軽妙に綴った江戸後期の『浮世風呂』（式亭三馬著、文化6〜10年）には、三味線が女子の手習いの定番になっていたことが、次のようにいきいきと描かれている。

「まあお聴きな。朝むっくり起《おき》ると手習のお師さんへ行てお座を出してきて、夫《それ》から三味線のお師さんの所へ朝稽古にまいってね……」

朝から三味線を習いに行かなきゃならないから、忙しくってねぇ……とこぼす娘のセリフである。この娘は、三味線を弾けない田舎育ちの「おっかさん」の強い勧めで、習うはめになったのだ。

この「おっかさん」のように、娘の将来を思って三味線を習わせることが都市部では一般的になっていた。町人の娘でも、踊りや三味線、琴の腕がよければ大名の奥で抱えられ、奥勤めの経歴が箔となって縁談の際にかなり有利だったからだ。江戸中期には、手習い、諸芸を身につけるために塾へ通うことは、武家の娘も含めて、普通になりつつあった。

身につけた芸を、親の望み通り良縁に活かす者もいれば、三味線の師匠として自活する者もいた。また、奥勤めの経歴を看板にして「女筆指南塾」を開く者もいた。

こうした風潮に、武士のご意見番として知られる武陽隠士は著書『世事見聞録』（文化13年）

で、女子の「浄瑠璃・三味線・歌舞・狂言」をみな「淫情の芸」だと非難した。また、江戸中期の風俗などを活写した随筆『飛鳥川』（柴村盛方著、文化7年）は、女師匠として生計を立てる「後家の一人ぐらし」を、「只事にあらず」と、やはり責めている。武士や儒学者からすれば、奉公に来た町娘が主君の妾になって権力を握ろうものなら、自分たちの社会の秩序をかき乱されるに違いない、という不安があったからだ。そこで、**女師匠らを「淫情」などとモラルの劣った存在だと印象づけて警戒した。**

女師匠として生計を立てる後家は、旧来の依存型夫婦から脱した存在だ。女子の手習いの流行は、従属的な教えを説いてきた女大学的な価値観とは逆の現実を、都市部を中心につくり上げつつあったのだ。三味線の腕で自活し、男を支える女性を描いた『春色梅児誉美』は、そんな2つの価値観がせめぎ合う時期の女性たちを描いたことで、女子に支持されていた。

大奥でさえも女中たちに三味線や琴、茶の湯、花、和歌、俳諧などを基礎教養として求めるようになっていたが、幕末になると、伝統に立ち返って女性たちを教育しなおそうという声が出てくる。代わりに奨励されたのが、家事や裁縫だった。

幕府の学問所・昌平黌では、伝統的な女子教育を更新した『烈婦伝』を出版して、女子のモラルを引き締めようとしていた。このとき、良妻賢母・女徳教育の再編に向けて動いていたのが、福沢諭吉ら門下生たちだ。とくに諭吉は、のちの良妻賢母教育を支える識者としておおいに活躍することになる。

歴史の表舞台に登場した勤王芸者

髪結いや産婆、芸者などは、江戸時代の女性の数少ない技術職だった。さらに、このなかで芸者は、女性として幕末から明治初期にかけて歴史に関わった珍しい存在でもある。

幕末の芸者というと、京都の芸者たちが桂小五郎や高杉晋作などの志士たちと浮名を流した話が、時代劇でもよく描かれる。時代のおもてに顔を出した彼女たちの姿もまた、女子教育の名のもと、国家に都合のいい女性像に変えられていく。

❖国家に「評価」された芸者たち

志士や新政府の高官たちとともに、芸者のパートナーとしてよく知られたのが、歌舞伎役者だ。現代でも「女性アナウンサーとプロ野球選手」のように、カップルになりやすい職業があるが、当時は売れっ子芸者と役者カップルがそれにあてはまる。芸者と役者の場合、同じ芸事の社会に生きる者同士、いわば職場恋愛に近い。例えば、芝居小屋が立ち並ぶ浅草では、役者が付近に住んでいたことから、その音曲の師匠も同じ町内に住んでいて、同じ師匠につく芸者が近づきになり……というケースも多かったようだ。

「役者を買うくらいの芸妓でなくっちゃア、面白くありゃアしない」（篠田鉱造『明治百話（下）』岩波書店）と回想した芸者もいたくらい、「芸者の役者買い」は人気芸者にとってのステータスのように思われていたらしい。俗にいう「キャバ嬢のホスト買い」のように、人気稼業で身を削る者同士が近づくということだ。「買われる」役者のほうも、旦那持ちの芸者が浮気の橋を渡ってきてくれることに、スリルを感じていたという。多くは身売りされてきた芸者たちにとって、恋愛ははかない青春であり、贅沢な遊びだった。

だが、明治なかばにもなると、役者から金を「まきあげる」ような芸者が増えたと批判されるようにもなっていた。良妻賢母教育が広まり、近代国家の体裁が整った明治20年代になると、一部**芸者に対する「評価」が、政治的な都合から変わっていった**からでもあった。

明治20（1887）年に出版された女性列伝『本朝侠客伝』（酔多道士著、奎暉閣）の「女侠」の項目に、「木戸公後室」という項目がある。木戸孝允が桂小五郎（元長州藩士）と名乗った幕末期に京都で出会い、のちに結婚した芸者・幾松（松子）のことだ。同書によると、「女ながらも悲歌慷慨《こうがい》し、あわれ浪士の本意の如く世は王政に復し夷狄《いてき》は萬里の外へ除かしと謂りける斯く心根の雄々しければほかの歌妓とにして勇壮豁達の人士を慕い梨園弟子艶治郎《えんやろう》の如きは之を蔑視して……」と、幾松の「勤王芸者」ぶりを仰々しい表現で称えている。

幕末、天皇をうやまい、外国を打ち払う「尊王攘夷」「勤王」の急先鋒になっていたのが、木戸の長州藩だった。幕末の回想本が出版された明治20年代になると、尊王の志士たちが浮名を流した芸者は「勤王芸者」と称えられたのだ。また、同書には「尋常歌妓ならぬを奇とし深く愛され」との一節もあり、勤王の志が強かったから桂の寵愛を受けたのだとも読める。そして、「梨園弟子艶治郎の如きは之を蔑視して」と、幾松が役者には見向きもしない感心な芸妓だと締めくくっている。

同書が出版された明治20年代前半から、宮内省内で幕末維新史の資料収集が計画される。この国家事業を機に、世間では戊辰戦争をテーマにした歌舞伎が上演されるなど、いわば幕末懐古ブームが起きていた。こうしたなか、勤王芸者が「女だてらに見上げた者だ」というニュアンスで書籍や歌舞伎などの物語に「女傑」として登場するようになったのだ。

幾松の出自は不明なところが多いのだが、当時から「維新の功労者である木戸の妻」という政治的文脈でのみ人格も語られていたようだ。幕末の殺伐とした出来事が明治以降にロマン化されていく過程で、政府高官と芸者の恋愛は、多くが美談になった。

なお、同書でほかに「女侠」とされているのは、江戸時代に男性のファッションを取り入れて話題をさらった湯女（遊女）の勝山《かつやま》、剣術に長けた佐々木阿累《おるい》という女性で、それぞれ任侠で女丈夫であることが紹介される。ふたりに比べると、木戸の政治活動を背後で支えた幾松を「女侠」と呼ぶのは違和感があるが、その裏には次のような事情があったと思われる。

同書のような女性列伝で、明治維新に関わった女性をとりあげる動きは、戦前期まで続く。とくに、昭和初期から戦中の歴史家は、**国威発揚に活かそうと女性勤王家を積極的に書いた。**戦時中は、国家に殉じることを求められていたから、命を落とした憂国の志士の恋人や女性活動家は、女子の鑑としてうってつけだったのだ。歴史家が当時紹介した勤王芸者たちを、新聞が愛国表現で飾り立ててさらに一般に広めた。

❖見えづらくされた幕末芸者の素顔

売れっ子芸者ほど、芸の腕とともにコミュニケーション能力があがっていく。彼女たちは、自分を守りつつ価値を高める術を身につけていった。

当時は安穏に暮らせる女性が芸者になることはまずなかったから、芸者の多くは「芸を身につけながら自立して暮らしていく」という目標をまず掲げたはずだ。自立とは、いい旦那を見つけるなり、売れっ子になって親孝行するなり、指導者として芸の世界に身を置くなりして、経済的に安定して暮らすこと。だがその最終地点にたどりつくまでが日々、消耗戦だった。芸者とは、毎日毎日、踊り、酌をし、会話に花を添えなくてはいけないからだ。

ただ消費されるだけのような日常を過ごすには、心に太い芯がなくてはやっていけない。「芸で身を立てる」という芸者社会のスローガンは、そうした芸者たちの危機感からうまれたものだろう。だから、「金で芸者を買っている」と男に思わせないだけの芸やお座敷スキルを身につけなければならなかった。名をはせた芸者は、自分で自分の人生をやれているという自負もあったはずだ。

「志士と浮名を流した」「勤王芸者」といったイメージのみで語られた幕末維新期の芸者たちの実像は、ほとんど明らかになっていない。志士たちの死は今も美化されて語られがちだから、そのパートナーであった芸者の実像にも美しい紗がかかったままだ。かわりに、志士たちを支えたという付随的なイメージだけが残された。明治国家が、性的対象となることを職業として引き受けた女性たちを粉飾することで、その傷を過小評価したことは、みすごされてきたのではないだろうか。傷とはすなわち、親の愛情を受けることもなく借金のカタに売られ、世間からときに生業を蔑まれるということである。

「やまとなでしこ」の誕生

幕末、使節として欧米に渡った武士たちは、日本とは真逆にも感じられる男女関係を目の当たりにしてショックを受けた。

あの大国・清（中国）を植民地化したイギリスでは女王が国を治め、舞踏会では男女が抱擁し、男が女にかしずいている。アメリカのワイオミング準州では明治2（1869）年に婦人参政権が認められていた。

欧米列強に負けない近代国家をつくるため、政府は諸外国にならった体制づくりに着手したが、こうした男女逆転現象だけは受け入れがたかった。人前で男女が抱き合い、並んで歩き、女性が一国を統治するなど、武士の社会では前代未聞だったからだ。

そこで新政府は、西洋式の近代教育を取り入れるにあたり、男と女で教育を分けることにした。女子教育においては、徳川時代と変わらない儒教モデルを採用したのである。男女の教育の差は、明治時代45年間で段階的に開いていった。

最近でも、医学部入試での女性差別（女子の合格者に制限を設けるなど）があきらかになったが、その大罪の根源にある発想といっていいだろう。

❖「数百年来の女権を一日で消滅させた」

江戸時代、奇病により男性だけが激減し、ジェンダーが逆転した世界を描く漫画『大奥』（よしながふみ著、平成16年〜）では、江戸城を舞台に権力をめぐるドラマが展開する。歴代女性将軍が「種」を宿す若い男性を集めて囲う大奥は、人間の欲を刺激し、権力を生み出す機関だ。

同作は将軍家にまつわる史実をきわめて巧みに取り入れたことでも高く評価されているが、こうした大奥の本質もまた、史実に近い。明治維新の際には、多大な権力をもった大奥の女性たち、朝廷の女官たちの処遇――「女権」がまず懸案となった。

そこで新政府が女子教育の前に着手したのが、「女権」の排除だった。

「今朝女官総免職。（略）是迄女房の奉書など、諸大名へ出せし数百年来の女権、唯一日に打消し、愉快極まりなし」（松尾正人『廃藩置県の研究』吉岡弘文館）

明治4（1871）年8月1日、薩摩藩出身の吉井友実《よしいともざね》の日記である。西郷隆盛、大久保利通らの命を受けて宮中改革を進めていた吉井は、江戸時代から朝廷に勤めていた女官をすべて罷免《ひめん》したことを「数百年来の女権をたった一日で消滅させたのだ」と、誇らしげに書きつけた。

天皇中心の近代国家を目指すにあたり、後宮から「女権」を外すことはまず取り組まねばならない大改革とされていた。旧幕府では大奥が強大な権力をもち、財政難の要因でもあったから、そ

明治天皇ビフォー／アフター。やんごとなきお姿から、ヒゲをたくわえ軍服に身を包んだマッチョな明治男子に変身していった。

の二の舞にならないよう警戒したのだ。最後の将軍・徳川慶喜も後年、「老女は実に恐るべき者にて実際老中以上の権力あり」と振り返っているから、よほど手ごわかったのだろう。女性だけの組織とはいえ、数百年におよぶ体制は、あなどれないというわけだ。

しかも薩摩藩は長年、大奥工作に関わっていた。幕末になると西郷が力を入れており、その腹心が吉井だった。明治になってついに宮中を解体し、政治機関から女性を排除する大原則を打ち立てたのだ。それまで、お歯黒に薄化粧をほどこし、女官たちに囲まれて和歌や学問に親しんでいた若い天皇は「女権」排除を機に、ヒゲをはやし、軍服に着がえることになる。

❖「純潔」思想はどこから来た？

続いて政府が手をつけたのが、いわゆる「良妻賢母」教育だ。産業や兵制を近代化するにあたり、強い男性たちと、彼らを支えながら子を育てる女性たちが必要とされた。

明治15（1882）年に設立された東京女子師範付属高等女学校（創立時は女子師範予科）は、学問を志す女子に開放された最初の中等教育機関だった。ところがはじまってみると、男子中学校に比べて教育水準は低く設定されており、中心教科は裁縫や家事、作法など、徳川時代と変わらなかった。

教育現場で、良妻賢母とともに、未婚女子の規範として新たに植えつけられていったのが「純潔」思想だ。

江戸時代の「貞操」という言葉は一般に、1人に対して操を立てるという意味だった。「夫によく尽くす女性」という儒教的な意味合いである。

だが、純潔教育以降、「処女」「貞操」という言葉は「性的行為を経験していない女性」という意味をまとっていった。教育現場では、純潔思想を徹底させるために「不義不徳を敢えてする破廉恥漢」（井上円了『中等女子修身書』）、「節操の汚染は、遂に濯《そそ》ぐべからず」（『新訂教科女子修身書』下田次郎）といった、脅しめいた表現が使われることもあった。こうした考えの背景にあったのが、男子を家長とする家父長制だ。

家父長制のもとでは、娘は「将来の母」とみなされ、いつか産む子の教育のために女子教育が必要だとされた。家長が決める結婚前に恋愛をしたり、ましてや妊娠したりといった事態になれば、敷かれたレールが外れてしまう。だから、若い娘が性的に奔放になることを戒める必要があったのだ。

明治14（1881）年は国会開設の勅諭が出され、近代国家の歩みとして画期的な年だったが、教育界では中等教育から女子の排除がはじまる。さらに、明治19（1886）年には男子を対象とした中学校令・帝国大学令によって高等教育の男子専用化が進む。同年には文部大臣・森有礼《もりありのり》が東京高等女学校を開校させたが、3年後に森が国粋主義者に暗殺されると同校に対する非難が殺到、新設の女子高等師範学校の付属校として吸収された。早くから欧米思想を説いてきたうえに、宗教上の醜聞が新聞で広まったためとされる。女子高等師範学校は東京と奈良にしかなく（現在のお茶の水女子大学と奈良女子大学）、生徒は合計で数百人程度だった。

このように、学校制度上、女子には高等教育を受ける機会がほとんどなく、中学校と同レベルの高等女学校までしかなかった。つまり、戦前の日本では高等教育は男子にしか開かれていなかったのだ。家での勤めと貞操、純潔思想を女子教育とした社会で、女子に対する世間の目が厳しくなるのは自然なことだった。

❖福沢諭吉が「人外人」として差別した「芸娼妓《げいしょうぎ》」

こうした教育制度のもと、メディアがさらに女性を抑圧した。旗振り役を買って出たひとりが、福沢諭吉である。

明治13（1880）年、刑法で「妾」の公称も妾の姦通罪もなくなった。法律上の身分が正式に否定され、重婚がようやく禁止されたのだ。だが、長く続いた慣習はなかなかなくならず、政府高官や実業家は引き続き芸者を妾候補とみなしていた。いっぽう、「娼妓解放令」に対しては遊郭側が経営問題を理由に猛反発し、廓も生き残っていた。

こうした建前と現実の矛盾に対してとった福沢のひとつの方法は、**「人外人」「牛馬」などの差別用語を多用することで、遊女や芸者の社会的な価値を下げる**というものだった。遊郭側（経営者・遊女）に生業を恥だと思わせて廃業に追い込むこのやり方は効果てきめんで、かつて江戸のスターだった花魁ですら地位が急落していく。

幕末の外国人が驚いたように、日本社会は売買春へのうしろめたさが少なかったが、それは年貢や薬のカタに娘を売るという社会構造があったからだ。世間はそうした娘を「孝行者」と褒めつつあわれみ、売られた娘も親を助けているんだという誇りをもっていた。褒められこそすれ「人外人」などと蔑まれるいわれはなかったのである。

江戸の列女伝に「妾女伝」「妓女伝」の巻があったように、遊女や妾、芸者は「女性の生き方（生業）のひとつ」だった。

女訓の代表書『女大学宝箱』でも、遊女は「思はぬ人にちぎる」「いとかなしくつみあるすぎわひ」と、同情をこめて紹介されていた。堅物で有名な武士が書いた『世事見聞録』（武揚隠士著、岩波書店）でさえ、「売女は悪《にく》むべきものにあらず。ただ憎むべきものはかの亡八と唱ふる売女業体のものなり。天道に背き、人道に背きたる業体にて、およそ人間にあらず。畜生同然の仕業、憎むに余りあるものなり」と書いている。「亡八」とは、儒教の8つの教え「礼・義・廉・直・忠・孝・悌・信」を失ったもの。悪いのは遊女ではなく、人の道にそむく業態だという理屈である。

いっぽう福沢は、遊郭を必要悪だと説いた。『時事新報』で連載した「品行論」では「娼妓に依頼して社会の安寧を保つの外あるべからざるなり」などと訴え、芸娼妓は自らの職業を恥じて隠すべきだが、社会（男）のために必要だという論を展開したのだ。「品行論」で登場した「売淫婦」「芸娼妓」という言葉は、遊女・芸者をまとめて差別・排斥するために福沢がつくった新語である。

こうして、「男性の性欲のために遊郭は必要なのだ」という理論によって、「娼妓解放令」は有名無実となった。いっぽう、教育現場で純潔性を求められた女性たちの性は消されていく。**性愛を自ら示すような女性は「売淫女」とされ、大正時代に増えた恋愛指南書では、「女の涙は魔術」「魔性の女」といった、現在でもおなじみの表現が登場する。**

三味線で身を立て、『春色梅児誉美』などで江戸の娘の憧れであった女たちは、じわじわと蔑視の対象になっていった。さらに、歌舞伎などで喝采された先鋭的な姐御たちを「悪女」「毒婦」としてゴシップ的に消費する見方も増えていく。

幕末映画の姐御たち

ここまで、幕末から明治前期にかけての女性像の変化をたどってきた。激動の時代に女性たちの生も流動的になるいっぽうで、清く正しい女性像が明治10年代から確立されていった、という流れだ。

幕末維新期をテーマにした映画は多いが、その時代の女性をテーマにした作品は少ない。ここでは、そのなかでも、さらに数少ない姐御たちを描いた映画を紹介したい。

とはいえ、史料が残されることの少ない博徒の社会に属す女性ということもあって、その素顔は見えにくい。そこで姐御たちが脇役として登場する作品から、彼女たちの実像や女性像の変化を読みといてみたい。

❖男性がつくり上げた「男を見守る」姐御像

人気アニメ『ワンピース』は、主人公の人柄に惹かれて仲間が増えていき、ともに旅をしながら冒険する物語だ。この作品が、幕末の大親分・清水次郎長を描いた映画『次郎長三国志』そのものだと見抜いたのが、スタジオジブリの鈴木敏夫氏である。鈴木氏のラジオ番組に、『ワンピース』の原作者・尾田栄一郎氏が招かれ対談したときに、そう指摘している。ちなみに、このときの対談が縁で、『次郎長三国志』（全9作・東宝）のＤＶＤ化が決まり、尾田氏がパッケージのイラストを担当した。

『次郎長三国志』は、占領期に禁じられていたチャンバラも取り入れた開放的な作風が人気を博した。男女の人情劇にもマキノ雅弘監督の色もよく出ていて、登場人物たちの粋でしゃれた台詞も効いている。

こうしたマキノカラーは、昭和38（1963）年からのセルフリメイクシリーズ（全4作・東映）で、より磨きがかかっていく。ここでは、鶴田浩二や藤純子、松方弘樹ら任侠映画でもおなじみのキャストがそろう東映のリメイク版『次郎長三国志』から、1作目をあげたい。幕末以来のヒット・コンテンツである次郎長ものには過去に大ヒットした代表作がいくつかある。マキノ版『次郎長三国志』は、村上元三の同名の小説を原作に、その後も各社がリメイクを続ける人気シリーズ。今では次郎長ものの映画の古典的な位置を占めている。

もうひとつの代表作が、明治末期に爆発的な人気を得た二世・広沢虎造による浪曲『清水次郎長伝』。このネタ元は、天田五郎が著した次郎長の伝記『東海遊侠伝』で、次郎長が死去した明治17（1884）年に出版された。天田は次郎長の養子だったことがあり、同書には一家の者たちに生前、取材した話などが入っているものの、虚実入り混じった内容となっている。とはいえ、あらゆる次郎長もののルーツといえる作品だ。ちなみに、広沢による森の石松（次郎長の子分）の浪曲から有名になったフレーズ「寿司食いねぇ」は、シブがき隊のヒット曲のタイトル（『スシ食いねェ！』1986年）になっている。

東映のリメイク版『次郎長三国志』の映画ポスター。

映画『次郎長三国志』は、まだ駆け出しの若き次郎長（鶴田浩二）が修行の旅に出るところから幕を開ける。おおらかで一本気な次郎長の人柄は旅先で知り合う個性的な面々の心をつかみ、みな子分になりたいと願い出て、群像劇が展開していく。

次郎長の妻・お蝶（佐久間良子）は、次郎長が慕う大熊親分（水島道太郎）の妹で、もともと恋仲という設定。次郎長からは夫婦約束のかんざしをもらっている。立場的に姐御ではあるが、マキノ演出らしい、記号的な女らしさにあふれた人物造形だ。決して、凄みのあるあだっぽい姐御ではない。

もっとも、この映画では次郎長も甘さのあるいなせな色男だから、つり合いがとれている。「人のために尽くす、いいやくざになる」と笑顔で宣言する姿などは、実際はケンカ出入りを繰り返していたとは思えないほど爽やかだ。なお、最近ではアニメ『銀魂』の「泥水次郎長」の知名度が高いが、銀魂版次郎長はいぶし銀の老侠。同作には珍しくギャグ度が低いパロディキャラクターである。

劇中、お蝶が活躍する場面は少ない。後半で登場する駿河屋の女房おとくや、2作目以降に登場する「投げ節《ぶし》お仲（丘さとみ／安城百合子）」ら脇役が姐御然としたキャラクターを演じ、物語のスパイスとなる。お仲は歌を流して旅をしていることから「投げ節」との通り名をもち、最初の東宝版では壺振りも披露する。いかさまをして騒動になったところを助けてくれた次郎長に惚れ、お蝶が死ぬと、二代目お蝶を名乗り妻となるという役どころだ。

『次郎長三国志』の女性たちは、姐御らしいセリフを吐いても、基本的に男たちを母親のように見守る存在でありつづける。決して、自分の意志を強く表現するような女侠ではないのだ。そもそも数ある次郎長ものは、アウトロー本来の反権力性が薄いのが特徴だ。『次郎長三国志』も、毒のないミュージカルコメディとしても楽しめる。

❖最初の妻の名を名乗らせた親分

史実の次郎長は、戊辰戦争時に新政府軍から駿府周辺の治安維持を命じられた。博徒の広域ネットワークと動員力を見込まれてのことだった。その折、清水港で砲撃された幕府軍艦の乗組員の遺体を次郎長が埋葬したことが、のちに美談として次郎長ものの種本『東海遊侠伝』などで広まった。だから、次郎長は「維新後の侠客」といえるのだ。戊辰戦争以前の博徒時代の実像ははっきりしていない。そして、その妻となればなおさらだ。

次郎長は妻を3人迎えた。映画に登場するお蝶は1人目で、実際に次郎長が親しかったとされる江尻の大熊親分の妹だが、詳しいことはわかっていない。

お蝶が結婚した頃の次郎長は、映画と同じくまだ名が売れていなかったため、妻として苦労続きだったようだ。次郎長39歳のとき、お蝶の兄・大熊と甲州の博徒・祐天仙之助《ゆうてんせんのすけ》との間に出入りがあり、次郎長たちは甲州で敵方を手にかけた。次郎長について甲州まで同行していたお蝶は、遠海・三河・尾張と続いた慣れない旅暮らしと、夫がお尋ね者になったことへの気苦労が重なり、病に伏せるようになる。そして、回復しないまま旅先の名古屋で世を去った。次郎長が2人目、

3人目の妻にも「お蝶」を名乗らせたのは、このときの罪悪感に苦しんだためだという。

2代目お蝶は、静岡の羽鳥村の出身で、遊郭から身請けしたハナという女性だった。彼女もまた、金の無心に来た旧幕臣から斬られて死ぬという不憫な最期を遂げている。

❖かっこいい3代目お蝶に学ぶ処世術

「『ええありますとも、ありますとも。隣の庫がたった一つありますよ』と言ってやりました。そうすると、今度は『穴蔵があるだろう』と又訊くから『そんなものがあるもんですか』と妾《わたし》も少々喧嘩越しになりました」

「あとで見残したといはれちゃ何ですから序に皆んなよく見て下さい。もう見ないでようござんすか」

次郎長一家に、今でいう家宅捜索があった際、3代目お蝶が警察に言い放った言葉である。屋敷を案内したお蝶は、「隠すとためにならんぞ」などと脅され、思わず右のように強く言い返したそうだ。まるで映画を見ているようなドラマティックな口調は、姐御をやるうちに身についたと思われ、一家を背負う気概、芯の強さ、そして権力を相対視できる度胸が感じられる。お蝶のこの言葉は、明治42（1909）年6月、『報知新聞』に連載された彼女の聞き書き「侠客寡婦物語」

に掲載されたもの。次郎長の17回忌記念として同紙の「付録」に連載された記事だ。次郎長を好意的にとりあげようとの企画趣旨やお蝶の年齢（72歳）、記者による聞き書きという点を考えるとすべてが史実とはいえないが、お蝶の人柄や夫婦の関係性、一家の実態がのぞけて興味深い。彼女の冷静かつ明晰な言葉、淡々とした語り口がそう思わせるのだろう。

3代目お蝶は、聡明な女性だった。本名はケンといい、天保8（1837）年、三河国西尾藩の藩士・篠原藤吾の長女に生まれた。次郎長と結婚したのは明治3（1872）年。次郎長の17歳下の33歳だった。二度目の結婚であり、前の夫との子を連れて清水へ向かった。

3代目お蝶は、わがままな次郎長に振り回された、叩き上げの姐御。次郎長の情けない姿も伝えてくれた。梅蔭禅寺次郎長資料館蔵。

当時の次郎長一家は人数も多く、姐御としていきなり多忙な毎日がはじまる。明治17（1884）年には博徒の一斉検挙もあって、心労は絶えなかったはずだ。実際、とうていお蝶ひとりでは手が回らず、実子や、当時、次郎長の養子だった天田五郎を呼び寄せて処理を手配するなど、臨機応変に動くことも多かった。「侠客寡婦物語」の冒頭で記者が書き留めたお蝶の印象は、「若い頃の美貌と、締まりのある口ぶり、慎ましやかな応対ぶりが隠し切れない武家育ちを感じさせる」とある。

お蝶が語る次郎長の姿は、強情で、度を越したお人よしだ。すでに有名人だった次郎長に全国から会いに来る人、頼ってくる人が後をたたず、誰彼かまわず世話しようとした。そんなとき、準備に追われ、帳尻合わせなどをさせられたのがお蝶だった。だが、お蝶の平坦な語り口のためか、苦労話から浮かび上がる親分像にはどこか憎めないところもある。高齢にさしかかった次郎長の頑固でキレの悪い姿も、お蝶の口ぶりから鮮やかに伝わってくる。しかも、意外なことに、お蝶も子分たちも次郎長に振り回されるたびに臆さず意見をしていたというのだ。

腕力に価値を置くやくざ一家では、女性の扱いはきわめて低い。姐御も、子分たちからの扱いが丁重だからといって、それはあくまで表向きのもの。力があるようでいて、実質、強烈な家父長制下にある無力な存在だったのだ。だからお蝶もささいなことでも問題に突き当たるたび、適切な人物を探して手を借り、質問をし、解決していった。そうするうちに自ら人脈を築き、ひとりで解決できることも増え、次郎長の無茶な要求にも応えられるようになる。そうした姿からは、お蝶が冷静に一家や世間を観察して把握する知力、対人関係を地道に切り開ける誠実さ、そして自分の力で生きるという「強さ」を備えていたことがうかがえる。

❖本当に強かったのは誰だ？

明治17年、政府による一斉検挙があったときは、次郎長が66歳にして懲役7年という重罪となり、一家を預かるお蝶の肩に重荷がのしかかった。「女の身で日傭取りは出来ず其方此方へ頼んぢや着物の縫針をする位が関の山。そうしちゃ夜晝なしに稼ぎまして……」といった日々で、「妾《わたし》の苦労ったらありませんでした」。しかも、ようやく出所してきた次郎長を千人もの子分が出迎え、お蝶は一晩中その応対で夜を明かすはめになる。翌日、次郎長から、お礼回りのため東京へ行くから200両を用立てるよう頼まれ、またもお蝶は仰天。当時の一家では、その半分を集めるのも難しかったから、お蝶はあわてて知人宅を訪ね歩いて借金を申し込み、なんとか要望に応えたのだった。

お蝶によれば、次郎長は銭もうけを恥だと考える主義で、質素倹約を家訓としたそうだ。そのため、一家の者たちは普段の食事に困ることもあり、しばしば愚痴がこぼれた。他人によくほどこして気前がいい親分というと聞こえはいいが、お蝶の語る次郎長は見栄っ張りが過ぎて融通が利かない男だ。柔軟さのかけらもない「頑固じじい」そのもので、映画とはまるで違ってぱっとしない。だが、そうした子どもじみた気前のよさを、お蝶は嫌っていなかった。細部まで鮮やかな記憶を再現するお蝶の言葉の端々に、20年連れ添った男への情が、はからずもにじみ出ているのだ。

次郎長が臨終の折、お蝶は将来の不安に襲われた。「女の身ですから、親分《やど》に萬一の事があられては木から落ちた猿同然になります故、一日も早く快くしたいと一生懸命に看病に手を盡した甲斐もなく…」と振り返っている。ただ、お蝶の心配は無用に終わった。次郎長の死後、お蝶は家族たちに支えられて生き、長寿をまっとうする。

このように、お蝶は、別の場所、別の時代に生まれていれば、次郎長のフォローで一生を終えるのではなく、もっと持ち前の才覚も活かせたと思われる女性だった。

富国強兵や殖産興業という美名のもと、国家にとって望ましい女らしさ、男らしさを、教育や大衆文化によって強いてきたのが、日本の近代史ともいえる。才覚ある女性が埋もれてきたのはそのためなのだ。

「母性型」と「姉貴型」の姐御

『次郎長三国志』シリーズの清水次郎長と同じくらい有名だった幕末博徒に国定忠治がいる。次郎長ものとは違い、国定忠治を描いた三部作の映画『忠治旅日記』（監督：伊藤大輔、

国定忠治一家の姐御を演じる伏見直江。画面から火花を散らすような侠気を表現。サイレント映画ながら、字幕の啖呵が画面を震わせるほど！『忠治旅日記　御用篇』(日活、1927年)より。

日活、昭和2年）など忠治ものの作品群は、戦前の時代背景もあって、どこかアナーキーで影のある親分像を世に広めた。そして、映画で描かれる一家の姐御・お品《しな》（伏見直江）も『次郎長三国志』のお蝶とはまるで違い、凄みのある女やくざぶりだ。

お品はときに主人公の忠治（大河内傳次郎）を食ってしまうほどの迫力を見せる。お品を演じた女優・伏見直江は「姐御女優」「女侠役者」としてブレイク。さらに、お品のモデルとなった忠治の愛人・菊池徳もまた、実際に強烈な姐御だった。ここでは、お品が登場する『忠治旅日記』3作目「御用篇」（以下『御用篇』）を紹介する。

❖拳銃をぶっ放す姐御の元祖

国定忠治と清水次郎長は幕末の大物博徒だが、両者に交流はなかった。忠治は黒船が来航する2年前、嘉永3（1851）年に関所破りなどの罪で磔刑に処せられており、次郎長の実像が歴史の表舞台に出てくるのは、その17年後の戊辰戦争のときのこと。

それぞれを描いた代表的な作品も、**忠治ものは反逆的で暗く、次郎長ものは意気さかんで明るさがある。**代表作が製作された時期（忠治は大正末期〜戦前、『次郎長三国志』は戦後）も関係するが、それぞれが「お上」からどう扱われたか、という点も大きい。次郎長の場合、戊辰戦争に際し

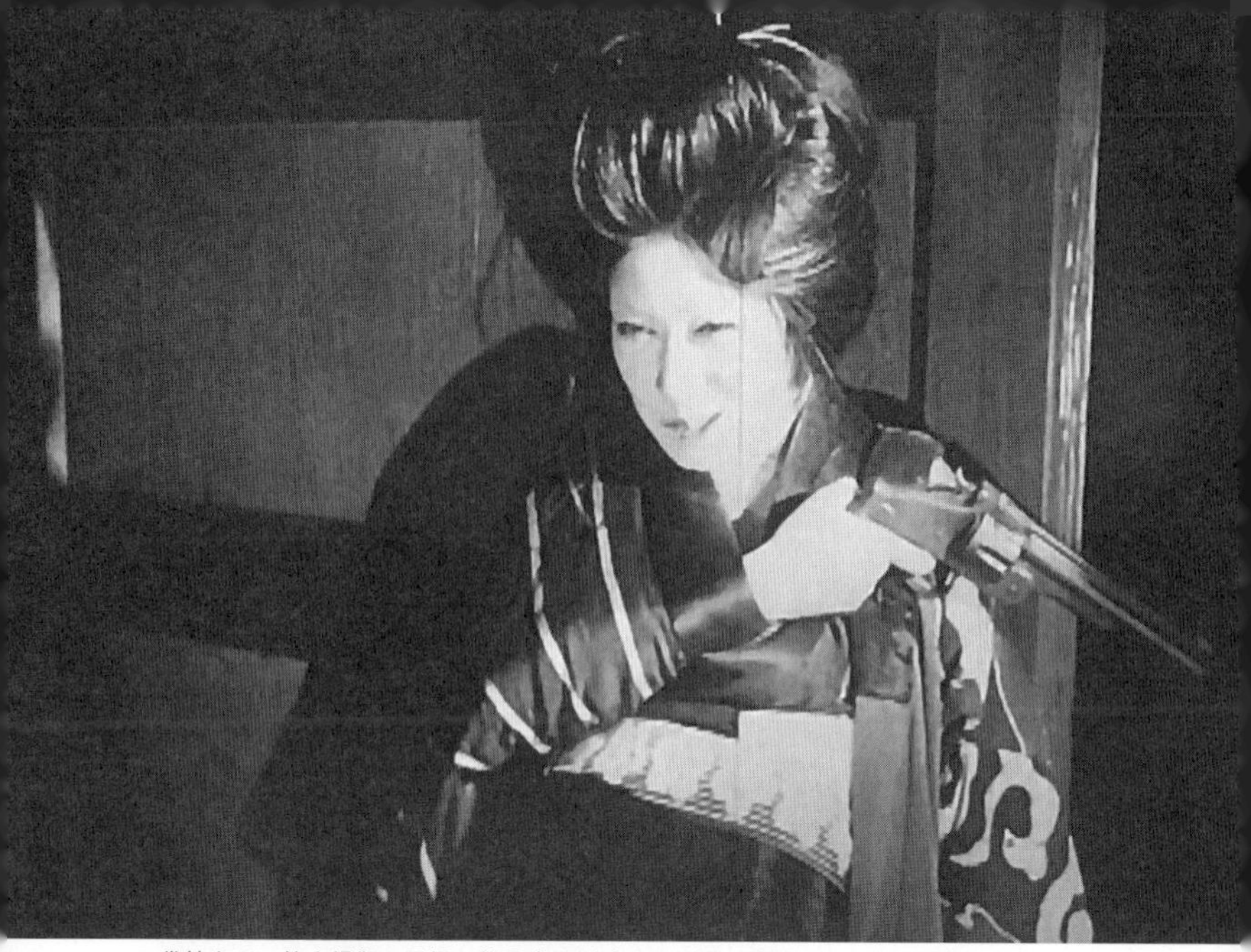

拳銃をぶっ放す姐御の元祖、伏見直江が演じたお品。懐手がいかにも姐御っぽい。
『忠治旅日記　御用篇』(日活、1927年)より。

て警備を任されており、いわば権力の手下になった形だ。勝海舟や山岡鉄舟ら旧幕府側の要人とも接点ももった。だが、忠治は正反対。政治の失敗ともいえる飢饉に私財を投じて民を救った忠治は、そのことで役人から憎まれ、見せしめの意味もこめて極刑となった。

処刑からまもない頃に出たとされる瓦版「忠治くどき」には、捕縛前後から磔刑までの忠治を世話した一家の姐御・菊池徳のことがこう書かれている。

「五目牛村の後家のお徳は日光道中玉井宿で女郎をしていたが、忠治には恩があるため、神仏に願掛けをして看病し、そして捕まった」。

徳もまた、当時すでに名を知られていた

ことがわかる。

忠治の創作ものの最初は明治17（1884）年、スター役者の5世・尾上菊五郎が忠治に扮した『上州《じょうしゅう》織《おり》侠客《たてしゅの》大縞《おおじま》』（3世河竹新七作）とされる。以後、新国劇の沢田正二郎の当たり役となった『国定忠治』（大正7年、行友李風《ゆきともりふう》作）をはじめ、忠治は芝居や映画など多くの娯楽作品に登場する。

映画では大正後期から侠客ものが増え、忠治ものも定番となった。「目玉の松ちゃん」こと日本初の映画スター、尾上松之助の『国定忠次』（大正10年、日活）や、行友李風の脚本をもとに牧野省三がメガホンをとった『国定忠治』（大正13、東亜キネマ）、そして伊藤大輔監督による三部作『忠治旅日記』（昭和2年、日活）などがとくに人気だった。

忠治が死んだ幕末期、すでに一部で徳の名が知られていたこともあり、これらの忠治ものでは彼女が重要な役として登場することが少なくない。本書で紹介する『忠治旅日記』三作目の『御用篇』では、徳をモデルにしたお品が一家の子分たちを使って裏切り者を倒し、忠治を守る。サイレント映画ながら、お品を演じた伏見直江は、画面から火花を散らすような侠気を表現。字幕の啖呵が画面を震わせるほどの迫力を見せる。

映画としての見どころも多い。「移動大好き」の異名をとった伊藤監督の動きのあるカメラ、伊藤の代表作『御誂治郎吉格子』（後述）と同じく御用提灯を効果的に使った捕物劇《とりものげき》、激しいチャンバラ、胸に迫るような情感……と、持ち味が最大限に活かされている。時代劇の古典として日本映画界に与えた影響も大きい。

❖不況の時代に受けたハードな姐御

大正後期から昭和初期、派手な剣劇を見せ場とした新国劇の『国定忠治』が席巻していた。だが、逆に『忠治旅日記』は、子分に裏切られたりして破滅していく忠治の人間像に肉迫し、葛藤を表現した作風が高く評価された。子分たちが捕らわれ、病も得て一匹狼になっていく忠治の姿には悲壮感が漂う。

映画公開時の日本は深刻な不況に見舞われていた。失業者が急増し、昭和4（1929）年には、大卒者の就職難を描いた小津安二郎監督の『大学は出たけれど』が流行語になったりもした。鬱屈とした感情のはけ口を求める人が多い時代に、公明正大な英雄は求められない。虚無的でどこか自暴自棄な忠治像は、当時の人にとって心を寄せやすいダークヒーローだったのだ。そして、忠治一家の姐御も人気を集めた。このことは、政情が不安定な幕末に歌舞伎や浮世絵で「悪女」ブームが起きたことに似ている。

『御用篇』は、忠治が潜伏先の長岡から故郷の上州へと戻るも、持病が悪化してついに捕らわれ、終末へ向かうという内容。子分たちが護送中の忠治を奪い、お品の家にかくまって看病するが、裏切り者が捕り方に密告して家が包囲される。忠治の盾となって奮戦する子分たちがひとりずつ捕らわれていき、役人に諭された忠治はお品とともにお縄となる。

この戦闘のシーンでお品が拳銃をぶっ放す姿は、最大の見せ場。封建性の象徴である着物姿の女性が、男性性と暴力の象徴である銃を使いこなす姿は、人々の心にあった伝統的な支配構造を撃ち抜いた。伏見直江が、このお品役で見せた頽廃的な美しさは、滅びの物語において最大の効果を発揮し、観客に暗い開放感を与えた。姐御映画というと、岩下志麻や藤純子が銃を構えながら啖呵を放つ姿を思い浮かべる人が多いだろう。伏見扮するお品は、その元祖といえるのだ。

❖岡っ引きを罵って自害させた女

史実での国定忠治は嘉永2（1848）年、上州田部井村で役人に捕まった。その後、江戸に送られると小伝馬町の牢屋につながれ、再び上州に護送されて大戸関所（群馬県吾妻郡）で磔刑となる。

いっぽう、菊池徳は映画のお品と同じように、忠治をかくまった幇助の罪で捕らわれたものの、その後も冷静かつ、大胆に行動している。まず、白州で裁きを受けたとき。「忠次の妾か」との問いに「妾になりし事なし。忠次を妾に持ちし事あり（妾になったことはないが、忠治を妾にしたことはある）」と答えたと伝えられる。

忠治が処刑されると、徳はその片腕を大戸関所から盗み出して善応寺（群馬県伊勢崎市）に埋葬し、供養塔を建てた。寺では、徳の人柄や忠治とのなれそめをこう伝えている。――「気丈者にして忠治の相思の仲となり妾となれりと。大に姉子気分を発揮し忠次の人となりしも一面お徳の内助の効も多大なりしと」。忠治を超えるほどの強い人物像、存命中から姐御（姉子）と周知されていたことがうかがえる。徳は「強さ」ゆえに、忠治の信頼と愛情を得ていたのだろう。

実際、徳はきわめて気性の激しい女性だった。忠治には正妻・鶴のほかに、町というもうひとりの妾がいた。鶴は形式的な存在だが、町は徳と同じ立場だから、ライバル心を抱いていたらしい。忠治の処刑時、徳は町と「忠治の処刑後は亭主を持つまい」と誓い合ったが、町はまもなく別の男の妾になった。それを知った徳は、町のもとへ押しかけて髪をつかむと切り落とし、忠治の墓に供えたという。

幕臣の羽倉外記《はくらげき》は、忠治の伝記・通称『赤城録』を書き残しており、徳のことも書き残している。同書によれば、徳は忠治に「鷙《し》悍《かん》ヲ以テ愛セラル」。鷙悍とは猛禽類のこと。猛々しいほどの気性で忠治の心を射止めたというのだ。同書には、忠治の捜査中、徳の家に踏み込んだ岡っ引きが徳から罵られたうえに殴られ、恥じて首をくくったという逸話も書かれている。

羽倉は、忠治の縄張りであった国定村の代官も務めた旗本で、幕末の名代官・江川太郎左衛門、勘定奉行など要職を歴任した川路聖謨《かわじとしあきら》とともに「幕府三兄弟」と並び称された有能な幕臣だ。学者としてもすぐれ、天保の改革後に隠居すると、忠治伝説の大元になった『赤城録』などを書いて暮らした。

『赤城録』には、「お辰婆」なる女性が忠治の腹心の子分として記されている。女性を排除しがちなやくざ社会において、組織で一定のポジションを占めたということは、忠治独自の女性観のあらわれだろうか。もしかしたら、忠治を心身ともに守った徳の行動原理も、情愛だけではなく、家族や仲間に対する情が強かったのかもしれない。一家の同志でもあり、姉が家族を鼓舞するような姿もうかがえるからだ。少なくとも、妾とはいえ「囲われている」といった支配的関係はまるでみられない。羽倉がもうひとりの妾・町を「殊色《しゅしょく》」と表現したような、単なる性愛の対象ではなかった。

さて、徳は別の男と一緒になった町を責めたが、じつは自分も村の有力者・渡辺三右衛門に近づき、彼を後見人とした。実質、愛人契約である。徳は、裏社会にも顔が効く三右衛門を後ろ盾とすることで、かねてより計画していた玉村宿へ店を出すことを優位に進めようとしたのだという（高橋敏『国定忠治を男にした女侠　菊池徳』朝日新聞社）。もちろん、自分が三右衛門を惹きつけていることを利用したのだ。夫亡きあとの生活不安に悩んでいた次郎長一家のお蝶とは正反対のバイタリティだ。

結局、この件は村人たちの苛烈な妨害で失敗し、三右衛門との関係も解消したが、徳はその後もあふれる才覚を活かして土地経営などを展開、自らの手腕で財を築いていく。

幕末、養蚕王国の上州で経済的に自立した女性たちのことはすでに述べた。徳もまた、養蚕で生き抜いた典型的な幕末の上州女性であり、三右衛門の権力を利用しなくても、自らの知力を駆使して生きていく。

こうしたタイプの女性はえてして毒婦的に描かれることが多いが、近年では、**権力も色も自らとりにいく女性を「人間の一類型」としてフラットにみる向き**が、世界的に強まっているように思う。例えば、ドラマ『ゲーム・オブ・スローンズ』の女性たち。2011年のNHK連続テレビ小説『カーネーション』の主人公・糸子（尾野真千子）も、妻や母親といった型にはまらないパワフルな生きざまが大反響を巻き起こした。家父長制のもと、自らを総動員してタフに生き抜く姿は、ときに好感をもたれにくいが決して否定はできず、いつしか人の心に強烈な憧れを植えつけるのだ。

なお、近年の朝ドラは夫を支え、笑顔を絶やさない良妻賢母型が目立つ。やりたい職業を選ぶ主体的な役柄にみえてもその実、欲望は生まれつきもっていないかのような主人公が増えたように思う。

❖お金と教養は姐御の必要条件？

徳は、有馬村（現・群馬県渋川市）の農家・一倉家に生まれた。父の佐兵衛は村役人を務め、茶屋を経営していた。一倉家の茶屋は「煮売渡世《にうりとせい》」といって、村での営業権を公認された商いであり、安定した現金収入があった。徳は、こうした環境に育つなかで、社会性、経済感覚を身につけた。やがて、養蚕により現金をまわしていく才覚も発揮。25歳のとき、五目牛村《ごめうしむら》（現・群馬県伊勢崎市）の菊池千代松と結婚すると、養蚕で得た資金で金融業をはじめる。

上州では『蚕養育手鑑』（馬場重久著、正徳2年）という指南書が養蚕業の確立に大きな影響をおよぼした。同書では、養蚕の技術だけではなく、換金性や経済性、経営の合理化まで実例をあげながら解説している。著者が住んだ下村（現・群馬県北群馬郡吉岡町）は、徳が生まれた有馬村から目と鼻の先の位置にあり、同じく養蚕業指南書の『養蚕須知』などを著した吉田芝渓《よしだしけい》も、隣の渋川村に住んでいた。徳は養蚕を家計の基本とする環境で育ち、『蚕養育手鑑』も参考にしたとされる。

働いて自由にできる金ができると、経済感覚も鋭くなるものだ。徳の場合、「家計をやりくりするできた妻」というより、生来の利発さや応用力といったもてる力を総動員して、効果的に金を「運用」して事業を起こす方向で生きぬいた。

夫の千代松が死ぬと、徳は分家して使用人を操りながら養蚕経営を続ける。そんな折に出会ったのが忠治だった。当時、中風が悪化して半身不随となり、逃走中だった落ち目の親分を、徳は付き添いながら守った。それを可能としたのが、彼女の経済力だったのだ。

最後は、磔刑のため江戸から国へ送られる忠治を、徳は歌舞伎の男伊達のように飾り立てて送り出すという派手なパフォーマンスを仕かけている。徳が贅をこらして作らせた死に装束と特注の唐丸駕籠（罪人用の駕籠）は、見物人たちの口から瞬く間にニュースとなって江戸をかけめぐり、後世に伝えられた。

短いつきあいとはいえ、情を交わした男の死出の旅路を飾ってやることは、徳にとっては真心の証であり、ある種の自己表現だったのかもしれない。だからだろうか、徳は自分の見せ方もよく知っていた。忠治を乗せた駕籠が最初の宿場・板橋に到着すると、徳は観衆が見守るなか、忠治を見すえてこう言い放ったという。「立派に罰を受けてお上の役に立ってください」。

代官をも恐れさせたあの国定忠治が、死を前に肩を落としている。最期はみじめな思いをさせたくない――という情もあっただろうし、仲間意識から一家の名誉のためにしたことかもしれない。あるいは、ともに捕らえられた妾の町への嫉妬もあったかもしれない。そして、忠治に惚れた自分を大切にしたい、という自尊心もあったのではないだろうか。

晩年は、大地主として安泰な老後を送った。近隣の娘たちを集めて『女大学』（儒教の女子教育書）を講じたというから、相応の教養も身につけていたようだ。自らの意思で、女大学的な道を歩まなかった徳が、良妻賢母教育の時代にそれを講義したというのが痛快である。

明治16（1883）年、徳は忠治の33回忌に墓碑を国定村の養寿寺に建立。明治22（1889）年、五目牛村の自宅にて74歳で息を引きとった。

自分の能力と欲望を知り尽くしていた徳は、何をすれば自分の心が喜ぶか、何をすれば自分の心が守れるかをよく知っていた。彼女にとって自立の道とは単なる経済的なものではなく、心を満たし、自己完結するためのある種の楽しみだったように思える。他者との関係、とりわけ権力関係を把握しつつ、自尊心を貫徹した徳は、本音を口にでき、自分で納得できる行いを選んで生きた。元祖・姐御キャラクターは、彼女自身の意志の力によってうまれたのである。

❖男子として育った姐御女優、伏見直江

そして、この菊池徳をモデルにしたお品役で姐御女優となった伏見直江（本名：伏見直枝）もまた、徳に負けないほど、あっぱれな姐御だった。

直江の生まれは明治41（1908）年。映画公開の18年前であり、まだ巷に忠治を知る人が生きていた頃だ。伏見家は旧旗本で、祖父は千葉周作の門下で小天狗と異名をとるほどの腕前だった

と伝わる。のちに直江が剣劇でも有名になることを思うと、不思議な因縁である。直江の父・伏見三郎も剣術を学んだが、芝居にのめり込み、市川中車《いちかわちゅうしゃ》などの門下生を経て、自ら一座を立ち上げて旅暮らしの生活に入った。幼い直江も父の一座に加わった。

地方回りで評判をとった三郎はやがて一座とともに東京へ戻り、深川座（のち辰巳劇場→辰巳映画館）を拠点に活動を続けた。直江は、生まれ故郷の深川でここから6年間、大正7（1918）年までを過ごし、10代を迎える。派手好きで山っ気がある三郎のせいでつねに赤貧状態の伏見家を支えるため、直江も小屋をかけもちして稼いだ。

当時、直江が演じたのは男の子ばかりで、舞台が生活の中心だったから、普段も坊主頭に男子用の服を着ていた。それを15歳まで続けたので、自分でも男の子のつもりで暮らしていたそうだ。直江の上にふたりいた男児が夭折したので、直江が跡継ぎとして育てられたのだ。「少年」時代の直江は、「おいら」と自称し、友人は男子ばかり。しかも直江は「ガキ大将」で、日々、盛り場でケンカに明け暮れて傷をつくって帰ってくるのだった。その頃に鳶口《とびぐち》でやられた傷は、女優として売れっ子になった頃にも額に残っていた。

直江自身、男の子としての生活を楽しんでもいた。芸者に恋心を寄せられて得意になったり、逆に町で芸者を見かけると色目を使っておもしろがったりしていたそうだ。だから、急に「女になった」15の年には、ずいぶんと戸惑ったと次のように語っている。――「女の衣装をつけさせられて、女になるんだから女らしくしろと言われたときにゃ、わっしゃあなんだか悲しいやら変な気がしたもんです。（中略）実際変でしたよ」（千谷道雄「伏見直江むかし語り」『歴史と人物』第85年13号所収、中央公論社）。

明治の「女らしさ」教育を受けずに育った直江は、芝居や日々の遊びのなかで個性を形成したが、「女らしい」役を求められるようになり、戸惑ったのである。

きっかけは父の死だった。直江は小山内薫《おさないかおる》の劇団（のちの築地小劇場）に身を寄せることになり、ここで女性の役を与えられた。やがて映画に進出すると、日活で市川百々之助《いちかわもものすけ》の相手役、「霧《きり》島直子《しまなおこ》」として売り出された。直江はこのしおらしげな名前を嫌ったが、十分な月給をもらえ、妹の信子を学校に通わせることができたのでうれしかった。

次の転機が、昭和２（１９２７）年『御用篇』との出会いだ。時代劇に革命をもたらした伊藤監督、カメラマン唐沢博光、大河内傳次郎、そして直江が加わり、日活に役者がそろった。大河内と初共演した『御用篇』で見せたあだな魅力で、直江は一躍、時の人となる。

大河内・伊藤監督と組んでの快進撃は続く。翌年の『新版大岡政談』シリーズでも、櫛巻お藤役で姐御役者ぶりを発揮。妖しげな笑みを浮かべながら捕り方たちにピストルを向け、啖呵を切る姿で、またも観客をしびれさせた。

ピストルを手に、啖呵を切る。櫛巻お藤役の伏見直江は、その生き様も壮絶だった。『新版大岡政談』（日活、1928年）より。

❖熱血女郎・お仙

引き続き大河内・伊藤と組んだ作品は、昭和6（1931）年の大ヒット作『御《お》誂《あつらえ》治郎吉《じろきち》格《こう》子《し》』。女優になっていた妹・信子と共演して話題をさらった。直江は荒っぽく、威勢のいい伝法肌の女郎・お仙を、信子は可憐な娘・お喜乃を演じ、劇中で大河内扮する鼠小僧治郎吉と恋の三角関係におちいる。ニヒルな反逆児が破滅へ向かう姿を描いたこの作品も、やはり暗い世相に迎えられた。

お仙は、『忠治旅日記』のお品とは違い、恋に侠気を見せる女だ。一度だけ関係をもった治郎吉に本気で惚れてしまうが、移り気な治郎吉はしおらしいお喜乃に一目ぼれして、夢中になる。嫉妬に悶え、なんとか気を引こうとするお仙に対し、治郎吉は「手前が惚れたのは鼠小僧って看板だろう?」「上方女は計算高いぜ。金を狙ってるんだろう?」「有名人の俺にかわいがられたんだから、ありがたいと思え」などと、ひたすら冷たい。

お仙が治郎吉に罵られ、足蹴にされる場面はいくつかあるが、彼女は負の感情をさらけ出してまっすぐに嘆き、悔しがる。どれだけ邪険にされようと、恋敵のお喜乃を蹴落としたりせず、ひたすら恋心を治郎吉にぶつけるところがお仙の魅力だ。そして最後は御用提灯に囲まれた治郎吉を逃がすためにひと肌脱ぐ。

まずは自分を廓に売り飛ばした極悪人の実兄に、こう叫び、自ら縁を切る。

「あてェ、自分の身体ァ自分の勝手にしたいよってに来ましたんえ！」。

そして、川へ身を投げて次郎吉を捕縛に来た役人たちをひきつけ、彼を逃がすのだ。

「ここが女の身の捨てどころ。あたしゃお仙という女をあんたに忘れさせないよ！」。

最期に思いのたけをぶつけられた治郎吉は、ようやくお仙の純情に気づき、涙を流す。

❖男に全力で惚れ、全力で怒ることができる女

映画の冒頭、お仙と治郎吉が同棲している様子が描かれるが、じつは当時、大河内と直江は同棲中だった。撮影の前年頃から交際をはじめ、3年ほど一緒に暮らしたようだ。世間では結婚の噂が流れ、直江もそのつもりでいたが、結局、大河内は別の女性と結婚。大河内の母親が直江との結婚に反対し、母の命令に従ってきた大河内が、直江を突然捨てた形となった。大河内の実家は敬虔な日蓮宗信者であり、信仰上の理由と家同士の関係などから決まった縁談だったという。

大河内は当時、週刊誌のインタビューで「自分から母親と仏をとったら何も残らない」「母からの感化で日蓮信者です。（略）いい配偶があればと、実は仏様にお祈りしているのです」（富士正晴『大河内傳次郎』中央公論新社）などと語っていた。つまり、いずれ破局がくることを理解しながら

直江との恋を選んでいたのだ。そうとは知らず、直江はほだされるようにして大河内とつきあいはじめ、そして惚れ抜いた。

だから、大河内が、直江に黙って寺の娘と結婚してからも未練を断ち切れずに愛人関係を持ちかけてくると、深く傷ついた。そのときの気持ちを、直江はのちにこう振り返っている。

「二号さんみたいにして、それまでと同じに付合おうって魂胆だったんでしょうが、こっちはこんな気性でしょう。何いってやがんだ、馬鹿にすんないってんで、飛び出しちゃったんす」「『乞食になっても二号にはなりたくないよ』ってタンカ切って家出したんです。『あんたはヤブの息子だが、あたしゃカツブシの娘だよ』。ヤブは藪医者で、カツブシですか、武士の娘という意味です」（前掲書）

直江は大河内の実家を医者だと思っていたが、実際は中津藩の儒者の家系（母方の父）だった。伏見家は旗本だったから、家格の違いを持ち出して見栄を切ってみせたのだ。大河内が、自分とは正反対の良妻賢母式の娘を選んだという残酷な現実を前に、自分の心をなんとか保とうとして、口走ってしまったのだろう。

その後の直江は、手切れ金の1万円をはねのけると、妹・信子の強い勧めもあって日活を昭和8（1933）年に退職。努めて大河内のそばを離れようとした。

日活で最後の仕事は、大河内と別れた翌日、恩人でもある伊藤監督の『薩摩飛脚』のセット撮影

大正末期～昭和にかけて全国で流行した「女剣劇」は、女性が刀を振り回しながら立ち回る。「男の領域」であるチャンバラに対する境界侵犯だ。『女国定』（日活、1932年）より。

だった。憔悴しきった直江は、髷をつけるのがやっとで、化粧もできなかったのでアップが撮れなかったという。しかも、大河内に愛想づかしをして別れる芸者の役だった。前日からの険悪な雰囲気のまま、そのシーンを撮った。

「あたしがポンポンと本気になっていうでしょ。大河内も本当にあたしをぶちましたよ。本当に痛かった。あの時、大河内はあたしにほれてましたからね」（同）

いっぽう、大河内は親友の記者に、自分と別れたあとの直江が不幸になることは耐えられない、と語っていた。手切れ金もそうした大河内の弱さから出たものだったが、当然、直江の自尊心を傷つけた。大河内には「女房は家のタンスで、直江は仕事でどうしても必要なんだ」という言い分もあったが、妻にも直江にも不実なこのスタンスは、純粋な直江には受け入れがたいものだった。

❖ 娼御・伏見直江が行った「娼妓解放」

日活を去った直江は舞台に移る。最初の仕事は、ハリウッドで大成功していた早川雪舟との共演だった。大河内との別れを引きずり、時折押し寄せる怒りに苦しんでいた直江は、出演料の1万円で**浅草の売春婦を買えるだけ買った**のだという。

「あたしが買ってやると、一晩ゆっくり眠れるでしょ。みんな喜んでましたよ」とのちに振り返っている。踏みつけられる女の痛みのヒダのヒダまで理解できるからこその情けであり、強烈な侠気である。**自らの強さを、てらいなく弱者救済に使える者こそが、娼御**なのだろう。

なお、同棲する前の大河内はよく芸者と遊んでいた。浅草での行いには、あるいは大河内の芸者遊びがよぎってのことだったかもしれない。

失恋を経た直江はやがて、女優としてさらに飛躍していく。男女逆転の剣劇舞台『女国定』（映画化も）が大当たりし、以後、忠治役が十八番となったのだ。大河内が演じた忠治でさらに売れるとは、なんとも皮肉である。直江は戦時中にかけて『女国定』を看板に全国を巡業した。

『女国定』のような「女剣劇」（3章で詳述）は、女性が刀を振り回しながら立ち回る。本来は「男の領域」であるチャンバラに対する境界侵犯だから、一部の評論家は、映画で熱狂的な人気を得た直江を、揶揄をこめて「男性的」「ヴァンプ（悪女）女優」と論じた。

直江は、嵐のような恋と仕事をして、火花を散らすようにして生きた。江戸っ子が、かつての日本人が惚れた鉄火肌の魅力が何であるかを、瞬時に私たちに伝えてくれるような、稀有な人である。

大河内とは、お品と忠治がそうであったように、同志のような仲でもあった。お品も直江も、女大学的な価値観とは正反対で、というより、それを必要としない心をもつ女性だった。

「股旅」というジャンルにみる流れる女たち

❖女性の世界をフェアに描いた長谷川伸という作家

江戸時代以降、アウトローは虚構の世界で「侠客」「男伊達」として美化されてきた。明治時代に流行した講談の侠客ものでは、清水次郎長ら有名な博徒の親分は義侠として描かれた。昭和にかけて浪花節でうたわれるようになると、鉄の掟にしたがうやくざは国家に殉じる者として美化され、映画や舞台でもその路線で描かれるようになった。

昭和初期、これらとは一線を画す「股旅もの」が登場する。

「股旅もの」とは、旅暮らしのやくざ者が主人公の物語で、道中、博徒社会の義理による命のやりとりや、村人たちとの人情劇が展開する。江戸後期～幕末の庶民社会を描いていることもあり、時代劇に多大な影響を与え、昭和初期から30年代の邦画全盛期まで、映画や芝居の一大ジャンルとなった。

このジャンルの創始者である作家が長谷川伸《しん》だ。長谷川が考案した股旅ものの小説や戯曲は膨大な数の映画や芝居、任侠映画、漫画などに脚色されてきた。その影響力は大きく、長谷川の描く股旅もの以降は、物語のアウトローの人物像や世界感ががらりと変わったほどだ。一説には、西部劇への影響も指摘されている。たしかに、ニヒルな主人公、乾いた風景、旅と殺し合い……と、共通項が目立つ。

歌舞伎的な侠客、女伊達はいなせな風貌で威勢よく啖呵を切り、拍手喝采をもらった。対して、股旅物の主人公は正反対だ。

旅を続ける孤独なやくざであり、見た目も野暮でぱっとしない。見せ場のシーンで大泣きすることもある。やくざなのに、いわゆる「男らしさ」とは別の次元で生きているように見えるのだ。そのことはおそらく、小学校を卒業していない長谷川が**明治の教育に染まらなかった**ことと関係しているのだろう。伏見直江が世の中の庶民から学んで「女らしさ」から自由だったのと似たパターンである。

その最大の理由は、主人公がやくざであることを恥じている点にある。自らのコンプレックスを受け入れているためか、主人公たちのほとんどが、弱者や落伍者——とりわけ母親・母親的な慈悲深い女性を慕う。**普通、時代劇で重視されてこなかった女性を、主人公と等しく扱った初めての時代劇が、股旅ものだった。**

長谷川が女性を描き込んだのは、幼少時に実母と生き別れた経験からだといわれてきた。実際、代表作の『瞼《まぶた》の母』は、50歳にして母と運命的に再会するという自身の体験をもとに、母への思慕をストレートに描いている。長谷川が実母に再会したことは当時、朝日新聞などを通じ話題になったため、長谷川作品の主人公にはある種の女性信奉のイメージが強くついていった。そもそも、やくざもので女性を重視すること自体が珍しかったため、女性への賛美と奉仕という印象は物語のひとつの型として定着していったのだ。

　母性を全女性に固有のものとしたり、女性を極度に神聖視したりすることは、

『瞼の母』DVD（東映）1962年、中村錦之助主演で映画化された『瞼の母』。かつての時代劇スター・錦之助はやくざ映画を嫌っていたが、股旅もので再び人気俳優へと返り咲いた。長谷川伸を敬愛した加藤泰が監督。

その人の個性を奪い、人格を否定することだ。だが長谷川の場合、女性の背景や心情を、まるで横で見てきたかのように描いており、そうした独善的な母性信奉ではない。こうした姿勢は、のちの任侠映画の女性主人公の造形にも間接的に影響を与えていった。

長谷川以前は、講談のやくざものにしろ、舞台・映画・小説のやくざものにしろ、基本的に女性は軽視されていた。性の対象として描かれるか、準主役的に描いているようにみえてその実、単なる「彩り」に終わるか、どちらかだった。長谷川の股旅ものに登場するのは、忠治一家のお品のような姐御ではないが、やはり幕末のアウトローの世界を生きた女性たちの素顔が描かれている。

❖女性の生もフェアに伝える加藤泰作品

現在、楽しめる長谷川作品は膨大な数があるため、ここでは、長谷川を敬慕し、その思想を汲みとった加藤泰《たい》監督の映画をとりあげる。

加藤は、長谷川の映画化作品でも名作と名高い『沓掛時次郎《くつかけときじろう》　遊侠一匹』『瞼の母』を手がけ、任侠映画『緋牡丹博徒』シリーズ（5章で詳述）でも傑作といわれる3、6作目を撮った監督。演出した数多くの時代劇映画でも女性をフェアに描いており、熱く、意志の強い女性像は、今も熱烈にファンを惹きつけている。

加藤泰が演出した『沓掛時次郎　遊侠一匹』（昭和41年、東映）の主人公、時次郎（中村錦之助）は、旅烏の渡世人だ。あるとき、旅の途中に草鞋を脱いだ一家で、やくざ社会の掟によってケンカの助っ人をすることになり、六ツ田の三蔵（東千代之介）を斬る。三蔵は息を引きとる間際、時次郎に妻おきぬ（池内淳子）と幼子の太郎吉（中村信二郎）を託した。

時次郎は三蔵の頼み通り、おきぬと太郎吉を彼女の郷里まで送るが、着いてみると親族は貧困を苦に自害していた。おきぬと太郎吉が不憫になった時次郎は、母子を自分の故郷である信州・沓掛へ誘い、旅を続ける。道中、時次郎とおきぬの距離は縮まっていくなか、おきぬは罪の意識に苦しむようになり、ある日、姿を消した。

『沓掛時次郎　遊侠一匹』DVD（東映）

それから1年後。旅籠に逗留する時次郎は、外から聞こえてくる三味線の追分節にはっとして表へ飛び出す。それは、別れる前におきぬが歌ってくれた沓掛の唄だった。こうしてふたりは真冬の宿場町で再会を果たすのだが、門付《かどづけ》（門前で芸を見せて金品をもらう大道芸の一種）をしながら流れ流れて生きのびてきたおきぬは、ついに労咳を患って倒れる。時次郎は、おきぬを助けるための高価な薬を手に入

時次郎、おきぬ、おきぬの息子・太郎吉が道中、ふれあう場面は心がほぐれる。イクメン時次郎が太郎吉の世話をする姿がじつに自然だ。『沓掛時次郎　遊侠一匹』（東映、1966年）より

れようと、捨てたはずの刀を再び手にする……。

以上があらすじである。加藤が得意とした、果物を小道具に使った男女の交情など見せ場はいくつかあるが、時次郎が追分節を耳にする宿でのクライマックスは、とりわけ胸に迫ってくる。

時次郎は「友人の話」としておきぬとの恋を宿の女将に語る。その語り口からは、おきぬの魅力を鮮やかに思い描けるほど今も恋焦がれていることが、よく伝わってくる。やくざの自分では彼女を幸せにできないという恥の思いから、他人の話にしているのだ。

そして、再会を経て時次郎の看病を受けるようになったおきぬの姿も、印象深い。時次郎が出かけたあと、彼が自分のために斬り合いに行ったことを知らないおきぬは、やせ細った指で唇に紅をさす。命が消えようとするなか、「あの人に綺麗な顔で会いたい」という切実さからだ。

❖股旅芸者はアウトロー

おきぬが三味線で雪の中を流すシーンは、「門付」をして幼い息子との暮らしをつないでいるという描写である。

女太夫とも呼ばれた女性の門付は、旅をしながら演奏し、米や銭をもらう。正月にこれを行うと「鳥追《とりおい》」と呼ばれた。鳥追はもともと田畑や民家の鳥を追い払う男性の番人を指したが、やがて民家の主を称える歌を歌うようになり、門付として営業化したとされる。江戸時代には女性の芸となり、江戸では「非人」として管理された。例えば、身に着けるものでは、白い元結やかんざし、櫛など髪飾り、下駄は禁じられ、菅笠で顔を隠すよう決められていた。

鳥追や瞽女《ごぜ》（盲目の女性の芸能者）などの芸能民は、江戸時代、定住して暮らす人にとっては「外の世界から来る人」であり、自分たちとは違う秩序で生きる人だとみなされていた。正月に門付をする芸能民は非日常（ハレ）の気分をもたらすと同時に、普段は広い意味でのアウトローでもあったのだ。アウトローというと暴力的な存在を連想しがちだが、おきぬのように、「芸能」というある種のセイフティネットのもとで生きる社会的弱者も含んでいた。

じつは、『沓掛時次郎』が初めて映画化された昭和４（１９２９）年の作品（監督：辻吉郎、日活）では、おきぬが、街道で行き倒れた鳥追女から三味線を頂戴して、流しをするという脚本だった。

これは原作にはない演出で、流れ者として生きるしかないおきぬの哀愁が、リアルに描かれていたという（佐藤忠男『長谷川伸論』岩波書店）。昭和4年というと空前の大不況で、町には失業者があふれていたから、観客にとって行き倒れ人は他人事ではなかったのだ。また、昭和初期にはやくざの義理の物語が一般受けしていたこともあり、股旅ものならではの庶民に寄り添った情感に惹かれる人が多かった。長谷川伸がやくざの主人公たちを「あわれな庶民でもある」という目線で描いたからだ。

長谷川は、随筆集『石瓦混淆』（中央公論新社）に所収した「身辺語録」で、股旅ものの由来と、女性の流れ者についてこう書いている。

「股旅という名は、私の戯曲『股旅草鞋』から出たものである。私は明治期の人などが口にしていた〃旅から旅を股にかける〃というのからとって股旅としたのである。私の知っている限りでは、股旅芸者といういい方が明治の中過ぎまであった。旅芸者とか山ネコ（筆写注：芸者のこと）とかいうのと、一つのことであった。が、私のつかった股旅はそれと違って男で、非生産的で、多くは無学で孤独で、いばらを背負っていることを知った者たちである」。

長谷川は、実体験や見聞をもとに、物語や人物像をつくり上げていた。股旅ものと聞くと、さすらいの渡世人をイメージするが、じつは今想像する以上に女の股旅者もいて、流れ者として彼女たちもアウトロー視されていたのではないか――長谷川の言葉からはそう推測できる。そして、そうした女性は戦前までの観客にとって、それほど遠い存在ではなかったことも。

映画や芝居に脚色された長谷川作品の解釈や演出はさまざまだが、加藤による『沓掛時次郎　遊侠一匹』は、この長谷川の言葉を練り上げて描かれている。

長谷川は、「恥と誇りを失わない庶民・やくざ者」とともに、子どもや女性などの社会的弱者を同じ土俵で描くことにこだわっていた。加藤も同じ思想をもっていたからこそ、女性をことさら擁護したり悲劇的に扱ったりすることなく、敬意をもって描けたのだろう。

❖幕末時代劇の女性像を壊した『炎のごとく』

加藤泰が最後に撮った劇映画『炎のごとく』（東宝、昭和56年）も、幕末を舞台にしたアウトローの物語である。原作は飯干晃一の『会津の小鉄』。主演の菅原文太が、幕末の博徒・会津小鉄に扮する。加藤らしいローアングルは見られないものの、男女の情熱的なドラマ、意志をもった女性を真正面から描いた作風は、彼の美学そのものだ。

映画は、主人公の「会津の小鉄」こと上坂仙吉の目線で、池田屋事件や禁門の変など幕末京都の騒乱が展開していく。大坂出身の博徒である仙吉は、諸国を渡り歩くうちに京都へ流れ着き、会津藩の御用を務めるようになる。会津藩の管理下に置かれた新選組との交流や、市井の人々の暮らしぶりも描かれる。

本筋は仙吉（菅原文太）と瞽女のおりん（倍賞千恵子）との愛の物語であり、「男と女」がテーマ。ほかにもさまざまな男女のドラマが展開し、一般的な時代劇ややくざ映画とは違い、女性の視点が男性と同等に入っているところが際立つ。しかも、ほとんどの幕末時代劇での女性は志士を「支えた」という存在として添え物的に描かれるが、**本作の女性たちはみな、自分の考えを自分の言葉で述べ、人生の岐路を自分で選ぶ**。そして男は、それに応えようとする。

なかでも、仙吉が賭場の騒動を機に知り合う梅屋のお辰（菅井きん）という女親分も鈍く光り、強い印象を残す。顔には刃傷沙汰とおぼしき古傷が残り、煙管をゆったりとふかす姿などは、あたりを払うような貫禄だ。

仙吉が「親分はん」と敬服するお辰が、政治事件について論評する言葉は、加藤の見解だろう。例えば、お辰が、島原遊郭で名を馳せた新選組のことを「あいつら国に女房、子どもを置いてきとるやろ。女房、子どもも来させたらどうやろ、あかんか?」という場面。返答できず、苦笑いをする仙吉を前に、こう続ける。「あいつら、さかりのついた犬みたいに京の女ばっかり漁《あさ》りよるやろ。一皮むいたら人間の男や、ア～ハッハッハッハ」。しかも、「わいがもうちよっと若かったら……」と仙吉に言い寄り、下品に笑う。女であるお辰に「セクハラ」をさせることで、その醜さを見せつけているようだ。

お辰の言うように、幕末の志士は国元に妻子を置いて脱落するなどして、上方で政治活動に傾倒し、合間に芸者と遊ぶというのが少なくないパターンではあった。映画では、仙吉がそんな浪人をきつく叱るシーンもある。映画が公開された昭和56（1981）年、フィリピンで日本のサラリーマンによる買春ツアーに対する抗議集会が行われ、大きなニュースとなっていた。こうした日本人に対する抗議デモは高度成長期以降アジア各国で行われていて、国際的に非難されていたからだ。時代劇としてはあきらかに違和感がある「出張不倫」批判の場面は、当時の加藤の嫌悪感のあらわれだったのかもしれない。

❖女旅芸人の攻めの人生

おりんは、瞽女と呼ばれた盲目の旅芸人である。旅の途中で仙吉に出会って恋に落ち、「京都に賭ける」という仙吉に、「おまはんに賭ける」と応じて愛情をあらわにする。都に着き、仙吉が世話になる口入屋《くちいれや》（人材派遣業）「大垣屋」をまず訪ねたとき、おりんは、仁義口上を述べる仙吉の背後で三味線を爪弾く。言葉と節で音楽を奏でるようなこの場面は、ふたりの関係性を、加藤ならではのユーモアで表現したものだろう。

江戸時代、男性の盲人には、鍼灸やあんま治療を独占職とした座頭《ざとう》や検校《けんぎょう》がいて、官位を得る特権職にもなっていた。いっぽうで女性の場合は自活の道も限られ、生活は細々としたものだった。瞽女の巡業は、娯楽が少なかった江戸時代の農村では歓迎され、長州藩、広島藩など一部の地域では賃金を得る者もいたが、一般的には苛酷な環境に暮らす者が少なくなかった。

瞽女は、数人～数十人が組になって巡業し、師弟関係や服装などにおいて厳しい管理下に置かれる。なかでも厳しく制限されたのが、男性とのつきあいだ。この規律を破った者は瞽女集団から排除され、「はなれ瞽女」としてひとりで旅に出なければならない。その道のりは当然、険しかった。だから『炎のごとく』は、女性であり盲目であるという二重苦を背負うおりんが、仙吉という運命的なパートナーに出会って解放されていく物語でもあるのだ。

仙吉の口癖は「女にむごいことするやつ大嫌いや」。女性に暴力を振るう男を見れば、火のように怒る。おりんへの愛情表現もいちずだ。史実の仙吉は上方きっての親分であり、武闘派で知られたが、映画の仙吉はまるで別人だ。やくざの義理よりも「おりんが一番」と言って、やくざ社会の固めの盃を断るくらいだ。

❖「男らしさ」を否定した時代劇があった!

長谷川伸の抑制的な作風に対して加藤のそれは情熱的でユーモアがある。だが加藤自身は、長谷川の『沓掛時次郎』のような世界、とりわけ長谷川作品の女性性を大事にしているとつねづね語っていた。

長谷川作品の女の世界とは、**弱者への視線を注ぎつづけること**を意味する。義理や面子を重んじる男社会だけではなく、人間本来の情けの社会(人情)にも等しく目を配るということだ。だから、その世界観のなかで主人公は、不幸にしてしまった女、幸せにできない女への罪悪感を背負い、嘆きつづける。従来は「女のために泣くなんて女々しい」とされてきた言動や感情を描きつづけた長谷川は、それを自然な感情だと信じ、かつ「男らしさ」を憎んだのである。

加藤は、この長谷川の視点をてらいなく描けるジェンダー観をもっていたから、長谷川の思想をもっともよく引き継いだのだろう。さらに、長谷川の女性観から一歩進んで、**自ら幸せをつかみにいく女性を積極的に描いた。「男は女を幸せにしてやるものだ」という考えを否定したのだ。**

いっぽう、加藤以外の多くの作家は長谷川の女性の世界を重視することなく、長谷川作品を「暴力否定」だと解釈した。あわれな女のために強い(はずの)男が尽くすのは「女々しい」とみなす、伝統的な価値観から抜け出せなかったのだろう。

庶民が親しんできた歌舞伎や時代劇映画では、女に奉仕的な男が描かれることはきわめて珍しい。だからこそ、長谷川伸の作品に触れた観客は、剣の腕をもつ男が自分を卑下する姿に驚いた。さらに、ひとりの女を幸せにできないと泣き、まともな人間になろうとする心映えに、目を開かれたのである。

長谷川、加藤とも、義理を斬って捨てて人情をとるという点で、近松門左衛門の作品にも似た作家である。金も地位もなくとも誠実に生きようとする庶民とアウトローを同等に描き、女性を虐げられるかわいそうな存在ではなく、その個性を魅力的なものとして尊重したからだ。その普遍的な視点は、今こそ強い意味をもつ。

明治男児の女性観を笑う「お龍」

幕末に生きた人物で、長谷川や加藤が描いたように、世間の常識とは違った形で女性とともに生きた男性はいたのだろうか。いたとすれば、そこで描かれる女性はどんな人で、どう描かれてきたのだろうか。最後に、幕末の英雄、坂本龍馬の妻・お龍を見直してみたい。

坂本龍馬は、妻となる楢崎龍（以下「お龍」）を、敬愛する姉・乙女に「おもしろき女」と紹介した。お龍は感情表現が豊かな鉄火肌だったようだが、龍馬亡きあとの明治時代、良妻賢母思想の広まりとともに、その圧を受けることになる。もともとお嬢さん育ちながら世間並みではなかった彼女の後半生は、良妻賢母教育の重い影響力を今の私たちにも突きつけてくる。

❖良妻賢母から外れて

映画『竜馬の妻とその夫と愛人』（監督：市川準、脚本：三谷幸喜、平成14年）は、坂本龍馬の妻・お龍を主人公にした作品だ。お龍は幕末の女性では有名だが、彼女を主役にした映像作品はきわめて少ない。原作は三谷幸喜の舞台である。

物語の舞台は、明治13（1880）年の横須賀。龍馬亡き後、商人の西村松兵衛（木梨憲武）と再婚したお龍（鈴木京香）を、彼女の義弟で龍馬の同志だった菅野覚兵衛（中井貴一）が訪ねてくるところから物語ははじまる。

舞台となる明治13年は、最後の内戦である西南戦争も終わり、富国強兵、殖産興業といったスローガンに沿って国家基盤が固まっていく時期だ。男女別学の大原則にもとづく教育令によって良妻賢母教育が進み、翌年には国会開設が告知される。

海軍省に勤める覚兵衛は、きたる龍馬の13回忌にお龍の出席を求めてやってきた。その裏には、「今や維新の英雄である坂本龍馬の妻らしくしてほしい」という本音が隠れている。覚兵衛らかつての海援隊士たちは、龍馬の存命中からお龍を生意気だと嫌っていた。今や裏長屋で酒びたりのすさんだ生活を送る彼女が、法要で不用意な言動をとったりしたら、明治国家の威信に傷がつく。覚兵衛は「どうしてもお龍が言うことを聞かなければ斬れ」との密命を受けていた。

お龍はそんな思惑を見透かして鼻で笑い、法要にも行かないと答えた。

龍馬の死後、各地を転々として横須賀に流れ着いたお龍は、松兵衛と再婚するも、刺激のない生活に飽き、龍馬に生き写しの虎蔵（江口洋介）と深い仲になっている。といっても、虎蔵を愛しているわけではない。かけがえのない存在を失って心を病み、自暴自棄になっているだけだった。

龍馬が死んでからというもの、お龍は葬式にも参加させてもらえず、ないがしろにされてきた。体裁を整えるためだけに利用されるのはまっぴらごめんだ。だから、覚兵衛に「坂本龍馬の妻だった自覚はないのですか」と叱られても、何も響かない。自分のありのままを愛してくれたのは龍馬だけで、妻「らしく」しろ、などという言葉は、お龍の価値観では受け入れがたいのだ。

ところがその後、ひょんなことから、虎蔵は龍馬の真似をしているだけで、「坂本龍馬の元妻」とつきあいたいがためにお龍に近づいたことが判明。お龍は愕然とし、再び砂を噛むような日々に戻るのかと、肩を落とす。

ますますヤケになったお龍は、覚兵衛を口説きはじめた。龍馬が生きていた頃、お龍に憧れていた覚兵衛は思わずよろめくが、なんとか踏みとどまる。

お龍は覚兵衛に「だって（虎蔵は）坂本龍馬じゃないから。私は死んでいるのと同じ。坂本龍馬が殺されたときに、私も死んだ。だから誰でもよかった」と力なく本心を明かす。龍馬と出会ってから、周りの男たちは「坂本龍馬の妻」として美貌のお龍を鑑賞しつつ、彼女の個性を蔑んだ。

お龍の本心を理解したのは龍馬だけ。そのことを思い出したお龍は、それでいいのだと目が覚めるような思いで松兵衛に別れを告げ、姿を消す。

このように、物語はコメディタッチながら、「その後のお龍」を苦しめた残酷な現実を暴くように展開していく。龍馬を失って自分も見失ったお龍が、「酒に溺れ、荒れた生活を送るだらしない女」と印象づけられたことに対する供養のような描き方である。

軍人の覚兵衛が、一線を越えようと迷ういっぽうで、「(偉人の)妻らしくあれ」とふるまいを強制する言葉などは、女性に新たな枷をかけた明治国家を象徴している。人格を否定されつづけたお龍が荒れる姿は、龍馬と生きた頃の本来の自分をなんとか保とうとしているようで、痛ましい。

❖「わるもの」を平手打ち

坂本龍馬が没後、最初に歴史の表舞台に現れたのは、映画の舞台となった明治10年代のこと。明治16(1883)年、高知の『土陽新聞』に連載された龍馬の伝記小説「汗血千里駒《かんけつせんりのこま》」である。ここに描かれた豪放な龍馬像は、その後のあらゆる龍馬ものの元祖となった。著者の坂崎紫瀾《さかざきしらん》は、この3年前に創刊した『高知新聞』の主筆で、自由民権運動に没頭していた。「汗血千里駒」では、坂崎の女権拡張の主張にもとづき、お龍や龍馬の姉・乙女、許嫁だったとされる佐那など、女性たちも個性的に描かれる。

お龍は、この小説や、同じく民権運動の流れを受けた弘松宣枝『阪本龍馬』（明治29年）などの伝記に、あまり満足していなかったという。彼女への取材がなく、自分の知らない龍馬像が独り歩きするような現象が起きていたからだった。

お龍は映画と同じく、西村松兵衛と再婚して「ツル」と名を変え、横須賀の長屋で暮らしていた。かつて商売で成功した松兵衛は、落ちぶれてテキヤに属する大道芸人となっていた。

映画の覚兵衛とは違い、横須賀の若い郵便局員が酒を片手にお龍を訪ねてきたのは、明治30（1897）年晩春のことである。男は元海援隊士・安岡金馬の三男で、安岡重雄といった。金馬の兄嫁が菅野覚兵衛の妹であり、覚兵衛はお龍の妹・君江と結婚していた。つまり、重雄はお龍の縁戚にあたる。なお、龍馬の死後、お龍は覚兵衛を頼ったこともあるが、関係はあまりよくなかったという。

重雄は、このときのお龍の印象をこう語り残している。

「お良さんは五十七歳、多少、頭髪に白髪は交っては居たが、濃艶なお婆さんだった。丸顔で、愛嬌があって、魅力に富んだ涼しい瞳の持ち主であったことを、私は今でも覚えて居る」（「阪本龍馬の未亡人」、『実話雑誌』1～6、昭和6年所収）。

重雄が訪ねた目的は、「汗血千里駒」の誤りを正すため。インタビューは、明治32（1899）

年2月から翌年7月まで、青年向け雑誌『文庫』に「反魂香」「続反魂香」「維新の残夢」として連載された。

ここでお龍が語った龍馬像は、死後30年以上も経っており、誇張や記憶違いもあったと思われる。ただ、当時の薩長史観によって「海軍の先覚者」として龍馬をまつり上げようとの意図はない。あくまでも、近くで見ていたお龍にとっての真実、彼女が見た実像が垣間見える。

さらに、重雄の次に川田雪山という人物が取材を続け、明治32年11月から『土陽新聞』に「千里駒後日譚」「千里の駒後日譚拾遺」として連載される。川田はお龍を「美人で才女で、おまけに豪胆不適な女」「女丈夫」と紹介した。なお、川田は、高知から上京して漢学を学んだのちに文部省の維新史編さん事業に携わり、内閣顧問や早稲田大学教授なども務めた人物。終戦の詔勅の起草者のひとりでもある。

❖志士たちが嫌ったお龍という存在

幕末の志士たちは政治の場に普通、妻や恋人を同行しなかった。たいていは妻を国元に残し、政治活動の場を求めて渡り歩いた。ところが龍馬は、お龍を連れ回すことも少なくなかったし、出会った浪士たちに彼女を紹介した。だから、お龍の回想には、海援隊士や中岡慎太郎、西郷隆盛らとの思い出話が混じる。龍馬もお龍も、ともに旅をするなかで夫婦生活を送ることを特別視しなかった。「世間並み」から外れたほうが楽な性分だったのかもしれない。

だが、龍馬の同志たちの一部は、そんなお龍をよく思わなかった。土佐藩士の佐々木高行は、彼女のことを「有名なる美人の事なれども、賢婦人や否かは知らず」と日記に書いている。賢婦人とは、女大学的な女性のことだ。だが、お龍が女大学的だったとしたら、龍馬は惚れなかったのではないだろうか。

龍馬と結婚する前、お龍の妹・君江が大坂の遊郭に売られそうになったことがある。お龍は妹を売ろうとするやくざ者たちのもとに乗り込み、啖呵を切って君江を取り戻したという。この武勇伝を龍馬はおもしろがり、姉の乙女にも手紙で知らせた。手紙によると、短刀を懐に乗り込んだお龍は、刺青をした「**わるもの」の胸倉をつかみ、顔を平手打ち**にして「殺し殺されにはるばる大坂にくだりておる。それはおもしろい。殺せ殺せ」（宮地佐一郎『龍馬の手紙』講談社）と言ったそうだ。この激しい気性と、大事な人のためには危険をいとわない心の強さに、龍馬は惹かれたのだろう。

だが、世間とはお龍のような女性を嫌うものだ。お龍の信念を愛してくれた龍馬が世を去ると、「坂本龍馬の妻」でなくなったお龍のもとから知人たちは去り、冷たく扱われるようになった。維新後もつきあいが続いた数少ない人物、寺田屋の女将・登勢《とせ》を回想したとき、お龍は「女の義侠、男の変節」と表現している。

このお龍の言葉と、妹を救った行動力は「姐御の強さ」の本質をついている。お龍を嫌った男たちは「貞操」「良妻賢母」といった、他人が決めた価値観を盲目的に信じているに過ぎない。だがお龍の言動は人間の道理という秤にかけた結果であり、自分の本心に従ってのものだ。

2018年、大相撲の土俵上で人命救助を行った女性に対し、日本相撲協会が土俵から降りるようアナウンスを繰り返し、女性が降りたあとの土俵に大量の塩をまくという問題が起きた。これに対して協会がなんら合理的な説明をしていないこともあり、巷では「女人禁制」だからでは……と口をつぐむような向きもみられた。「伝統」の印籠をふりかざして男尊女卑体質をごまかすような協会の収束法は、まさにその伝統にのっとったものである。お龍がそうだったように、かつての女性たちが伝家の宝刀「貞操」で一刀両断され、言葉や行動を制限されてきた歴史のひとコマなのだ。それでも、返す刀で明らかな不正義を暴いてみせたのが、「坂本龍馬の妻・お龍」の本質だった。

本章では、幕末から明治中期の女性史をたどり、「良妻賢母」像の成り立ちなど、社会的立場の移り変わりをみてきた。不安定な幕末・明治初頭に話題となった「悪女」「毒婦」といった強い女性たちのなかには、自分本来の力を発揮して強くあろうとした人もいた。

次章では、姐御最大の魅力である「強さ」の多面性を探ってみたい。腕力のない女性が強くあるために使った「性の越境」がテーマの男女逆転劇を紹介する。男女逆転劇は千年の歴史をもつ日本のお家芸。こうした異性装劇で描かれた女性たちの「強さ」をみてみよう。

3章

男女逆転劇と女伊達のスターたち

これまで紹介した姐御たちは、単なる「アウトローの女版」というだけではなく、彼女たちが生きた時代の理想を担った存在だった。社会が女性に求めた生き方をときに無視し、信念のために発信し、闘うことを恐れなかった女性たちなのだ。

その時代の「女らしさ」から遠のくことも姐御だとすれば、そのための手段——性の越境も、姐御らしさに通ずるのではないか。

実際、物語のなかで「男装」することによって「女は女らしく」という抑圧から逃れたり、「女らしさ」では乗り越えられない窮地を脱したりした主人公は多い。作中で男として生きる強い女たちの姿は、世間のあらゆる目線から解放されたいという潜在的な願望や理想を刺激し、見る者に勇気を与えた。

日本では千年の歴史をもつ「性の越境」

❖男装した女性の物語と性の歴史

この章でいう「男装」とは、辰巳芸者のような演出としての男装ではなく、物語のなかで「男装して男と同じように戦う」「男としてふるまい、男として生きる」ことを指す。

日本では、このような男装した女性の物語は、時代を越えて愛されてきた。古くは、平安時代の『とりかへばや物語』や鎌倉前期『平家物語』の白拍子《しらびょうし》、江戸時代の『南総里見八犬伝』。現代では、漫画『リボンの騎士』（手塚治虫著）、『ベルサイユのばら』（池田理代子著）、アニメ『少女革命ウテナ』（幾原邦彦監督、さいとうちほ原案）などが幅広い年齢層から愛されてきた。こうした大衆作品の広がりから、戦前には「男装の麗人」のキャッチコピーで川島芳子、水の江瀧子が女性のアイドルになるなど、男装の倒錯美は、娯楽界のいちジャンルになったほどだ。

鎌倉前期『平家物語』に登場する白拍子。男性もいたが、男装した遊女を指すことが多い。そのルーツは神に捧げる巫女舞で、異性装により神事の効果が高まるとされた。絵は源義経の恋人だった静御前で、葛飾北斎の筆による。彼女も白拍子だったという。「白拍子」（北斎戴斗改為一、文政3年）。

行水をする女中を覗き見る６歳の世之介。この翌年には初体験をするという奔放さ。その性愛遍歴は、人数にして、同性愛・異性愛＝1：5くらいの割合。井原西鶴『好色一代男』巻6（江戸版、絵師は菱川師宣）より。

じつは、**芸能・宗教の世界における「性の越境」**も、日本では古くからありふれたことだった。

これには、セクシャリティの歴史も大きく関わっている。キリスト教やユダヤ教とは違い、同性間の性愛を禁じてこなかった日本では、武士層の衆道や江戸時代の陰間《かげま》と呼ばれる男色《なんしょく》も広く知られていた（ただし女性同士の性愛はその限りではない）。さらに、男色と女色《にょしょく》は性愛の好みとしてどちらも選べた。現代の「同性愛」「異性愛」のようにはっきりと固定された考えではなかったので、「思いつめたカミングアウト」も必要なかった。同性愛・異性愛を分けて考えるのが「常識」となるのは、明治以降に西洋の思想が浸透してからのことだ。

例えば、井原西鶴『好色一代男』の主人公・世之介は「たはふれし女三千七百四十二人、小人のもてあそび七百二十五人」と紹介される。女色と小人（＝少年。男色を意味する）の両方を性愛対象としていたのだ。

日本に性の越境や異性装をテーマにした文芸・娯楽作品が多いのは、こうした作品が宗教・社会的な背景から「文化」として残ったからだ。

例えば、平安後期の『とりかへばや物語』は、男子として育てられた娘が主人公。どことなく、今のトランスジェンダーの印象もあるこの物語は、さまざまな娯楽作品に脚色されている。戦後、少女向け小説『ざ・ちぇんじ！』（氷室冴子著、昭和54〜55年）、児童文学『おれがあいつであいつがおれで』（山中恒著、昭和58〜60年）、アニメーション映画『君の名は。』（新海誠監督、平成28年）などもある。性の入れ替えという設定は同じでも、ジェンダー観や互いの性への理解など、時代とともに強調するテーマや解釈、演出が変わってきた。おそらく今後も新たな解釈の作品が登場するだろう。

性の越境をモチーフにした娯楽作品は、じつに千年以上の日本の伝統芸なのだ。

❖元祖ガールクラッシュ系文化「宝塚」の誕生

「性の越境」の長い歴史は大正時代、画期的な文化を生み出す。

女性の役者だけが演じ、女性の観客だけが熱狂する「宝塚歌劇」だ。大正後期に登場したこの真新しい歌劇は、人々の意識を大きく変えた。もっとも大きかったのは、女性が「男装の麗人」を愛

「ターキー」のニックネームで国民的アイドルとなった水の江瀧子。日本映画初の女性プロデューサーでもある。

でつつ、公然と同性に歓声を上げられる文化を残したことだろう。

じつは、宝塚歌劇団の設立当初は男装の演者は存在せず、男性客が多かった。大正3（1914）年の初公演は、宝塚温泉の出し物の余興としてはじまったもので、5年後に「宝塚少女歌劇団」に改名したときの初公演でも、演者は男装していない。

現在の形式に近づいたのは、昭和2（1927）年、ショートヘアの少女がシルクハットに燕尾服という姿で登場してからのことだ。以降、男装した男役が登場する現在と同じ形式となる。大阪の松竹少女歌劇団も昭和4（1929）年から同様の男装歌劇をはじめ、初の男役スター、水の江瀧子が女性ファンから絶大な支持を得た。

もっとも当初は、誰も見たことがない新しい歌劇団に対する反発もあり、「男かと思えば女か」といった冷やかしが世間で聞かれたという。

歌舞伎にしろ浄瑠璃にしろ、江戸時代から歌劇というと男性の演者が当たり前であり、その価値観の基本にあったのは男性が運営する社会だ。人々はまだそうした常識のなかで生きていたから、女性が舞台にのぼること自体が衝撃で、受け入れがたかったのである。そのため、運営側は当初、一時的に男子専門の科を立ち上げるなど試行錯誤をしていた。

昭和に入り、ヒット作がうまれたきっかけは、日本の舞台に初めて登場した「レビュー」だった。レビューとは、歌と踊りによって物語が展開する劇のことで、露出度の高い華やかな衣装と、腕や足を大きく動かすダンスが特徴だ。「音曲に合わせた踊り」自体は歌舞伎などの伝統的な舞踊にもあったが、女性の肉体美を打ち出したレビューは、真新しい身体表現だった。

それまでの日本では、**あらゆる女性が公衆の面前を自由に歩き回れない時代**のほうが長く、外に出る女性の体も首の下から足元まで着物で覆われていた。今でいう「ナマ脚」「脚線美」という概念が存在しなかったのだ。2019年の大河ドラマ『いだてん』で、大正時代の女学生がナマ脚で走ったところ物議をかもすといったシーンがあったが、レビューも同じ時代の同じ観念のもとでの出来事である。

こうした時代にあって、演者の少女たちはレビューを嫌がった。「エロ・グロ・ナンセンス」の時代背景のなか、派手なダンスは下品な印象をもたれるおそれもあったからだ。実際に同じ頃の浅草オペラでは、あえて扇情的な出し物を売りにしていた。

そこで運営陣は、ヨーロッパの女優の写真を最先端なものとして演者に見せ、説得。宣伝でもフランスのおしゃれなイメージを出し、浅草路線と差別化を図った。

また、女学校で良妻賢母を育てる家政学が流行していたことに目をつけた経営者の小林一三《いちぞう》は、女優に模範的な「良妻賢母」像を打ち出した。やがて観客は宝塚に品行方正な印象を抱くようになり、演者たちは女子のロールモデルとして同性の憧れのまととなる。そして、おなじみの男役は、結婚を控えた女学生たちの短い青春時代に仮想恋愛の対象となった。

❖「戦う強い女」の誕生――女剣劇

宝塚歌劇が話題を集める頃、東京では、浅草などの芝居小屋で「女剣劇《おんなけんげき》」が評判をとっていた。宝塚との共通点は、男装した女性が、舞台上で体を大きく動かして演じるということ。女剣劇は、物語のテーマや男装劇としての意義も含めて新たな姐御像の誕生ともいえる。

女剣劇ブームの背景にあったのは、もちろん男性の役者が演じる「剣劇」、チャンバラである。

大正8（1919）年、沢田正二郎が立ち上げた劇団・新国劇の『月形半平太』、『国定忠治』（ともに行友李風《ゆきともりふう》作）が一世を風靡し、大正末頃にかけて剣劇ブームが巻き起こった。前者は幕末維新期を扱った時代劇としては最初期の作品で、後者は国定忠治を描いたもの。剣劇はチャンバラが見せ場となるため、剣豪もの、幕末史劇、侠客ものが多かった。関東大震災後の大正末期には、各地で新国劇をまねた剣劇団が相次いでうまれ、浅草が最大の激戦区となる。

剣劇団が増えるなかでうまれたのが女剣劇である。女剣劇とは、女性の役者が男性主人公を演じる剣劇であり、演目は剣劇と同様。やはり大正末期～昭和にかけて全国で流行した。各地で多くの女優が出ては消え、数名の名優が歴史に名を残している。

初期には、初代・大江美智子と不二《ふじ》洋子が活躍した。下関の興行師・保良浅之助《ほらあさのすけ》が昭和7（1932）年、映画女優だった大江に神戸の湊座で演じさせたのがはじまりだという。2年後に不二が一座を結成し、その後、伏見澄子がデビューすると三羽ガラスと呼ばれて人気を博した。

女剣劇が流行った昭和初頭は、世界恐慌が日本にも達して失業者が町にあふれ、社会が暗いムードに覆われていた。昭和6（1931）年には9月の柳条湖事件にはじまる満州事変により、不穏な空気が漂っていく。物心両面での不安が募るなか、世間には虚無的な気分が広まりつつあった。そんな世相を反映して、映画や大衆劇、小説などの娯楽には刹那的な欲望を満たす「エロ・グロ・ナンセンス」な作品が目立つようになる。

剣劇などの大衆劇では、ニヒルな主人公が暴れ回るチャンバラが、人々の渇きを癒した。とくに、女が男の姿でばっさばっさと敵を切り倒していく女剣劇の主人公は、胸のすくような気分を味わわせてくれ、同時に、どこか倒錯的な魅力を感じさせた。客層は、剣劇・女剣劇ともに若い男性が目立ったという。

❖「女は見た目」の偏見と闘った剣劇女優

剣劇・女剣劇という呼び名は、大衆演劇に吸収されたため消滅したが、当時ですら、色物扱いされ、とくに評論家からは見下されがちだった。「モダンな新劇（＝演劇）女優以外は女優にあらず」という権威主義的な考えのもと、女剣劇は肉体美で売っているとみなされた。そこで大江や不二は、剣劇の格を上げようと苦闘し、**ひたすら芸を磨き、偏見と闘うことで剣劇女優として名を残した**のだ。

大江は女剣劇を、当時、格上だとされていた大衆演劇のレベルまで引き上げようとした。そこでまず闘わねばならなかったのは、女剣劇は外見のみで客を引きつけているという「常識」だった。さらに、次のような歴史的「常識」も大江の背後でにらみをきかせていた。明治時代までの芝居（歌舞伎）は男性が演じるものであり、明治時代に導入された欧米風の新劇（演劇）はモダンで評価に値するものだという考えだ。この新劇で、日本に初めて「女優」が登場する。

しかも、官能的、扇情的な魅力をもつ女性は雑に扱ってよいという暗黙の了解が当時からあり、「美人女優」への評価は低かった。歴史的に芸の世界は差別を受けやすく、**明治以降に根づいた「美人」への偏見は、容姿を人前でさらけ出す女性への蔑視に結びついた。**アクションで見せる女剣劇となるとなおさらである。

こうした幾重もの差別構造をはねのける原動力となったのが、大江が映画界で培った表現力だった。関西の新派（明治なかばにはじまった現代劇）役者・松浪義雄を父にもつ大江は、宝塚少女歌劇を経て市川右太衛門プロに入り、右太衛門の相手役に抜擢。映画『旗本退屈男』の男役で大当たりをとっていた。すでに男役で評価を得ていたのだ。やがて、女剣劇に転じて見事に宿願を果たすも、活躍期間は長くはなかった。昭和8（1933）年に一座を結成して女剣劇ブームを起こした大江は、6年後に30歳の若さで急逝した。

大江、不二と並ぶ女剣劇のスターに、中野弘子がいる。中野は、侠客姿に扮した大江が花道へ向かう奈落（地下通路）で、宝塚時代を思わせるタップを踏む姿を記憶していると後年、語った。中野自身も、水の江瀧子さながらの洋式男装でのレビューも得意とし、「剣劇のターキー（水の江の愛称）」の異名もとっていた（伊井一郎『女剣一代―聞書き〈女剣劇役者・中野弘子〉伝』新宿書房）。

今はなき女剣劇が、宝塚と同時代に流行したからこそのエピソードだ。色物扱いされるいっぽうで、大江や不二、中野の時代には、宝塚のようにモダンで上品な印象でもとらえられていたのだ。

いっぽう、不二もまた、女剣劇のイメージ向上におおいに貢献した。立ち回りの美しさには定評があり、舞台を見た五世・中村歌右衛門は、不二の踊りの素養を見抜き、「上品なもの」と褒めていたそうだ（志村三代子「ヴァンプ女優論—鈴木澄子とは誰だったのか」『時代劇伝説　チャンバラ映画の輝き』岩本憲児編・森話社所収）。宮本武蔵や荒木又右エ門などの剣豪や侠客を演じても、「しょせんは女」と失望させない迫力で客席を圧倒したのは、確かな表現力があったからだろう。

剣豪や侠客など、武と暴力の象徴である役柄を女性にあてることは、江戸時代に馬琴らが流行らせた伝統文芸だ。それを生身の肉体で表現したことは、女優の歴史においても画期的な仕事だったはずだ。

なお、戦時中、侠客が主人公の女剣劇を「女侠劇」と呼ぶこともあったという。姐御役でブレイクした伏見直江が演じたことで、この呼称がうまれたらしい。伏見は、剣劇を蔑視した新劇の代表格である築地小劇場で主役の座を射止めた実力をもちながら、どんな舞台だろうとこだわらない人物で、それが彼女自身の魅力でもあった。主演映画『女国定』を昭和８（１９３３）年に舞台化して浅草で演じたのを、女侠劇のはしりとする説もある。

女剣スター中野弘子のキャリアにみる姐御像

女性が、「男性性」の象徴である刀や銃を振り回し、立ち回りを軽やかにやってのけるということは、男の領域に踏み込む行為であり、「革命」だった。

領域を侵されるとき、人は反発し、相手を抑え込もうとする。剣劇女優たちが評論家から男性性を揶揄されたのはそのあらわれだろう。女性性をほのめかしながらも、男性性――とりわけ暴力を使いこなすことによって、男優には「絶対に」できない演技をしたことは、嫉妬や羨望、畏れを呼び起こした。

歌舞伎の女形は、男らしさを消し、しぐさ、声などで女らしさを出すことで評価される。いっぽう、男に化けた女優は、「女らしさを保ったままでいること」も暗に求められる。女剣劇では、男性性・女性性の両方を発揮できる者が、のちに名優と呼ばれた役者になった。

女剣劇の演技はまた、ある種の異形の美しさを発揮する。神事の異性装をみてもわかるように、日本人は古くから異形の者に人間離れした強さを感じ、倒錯した、ゆがんだ魅力に抗えなかった。ゆがみ、ひしゃげた形状にも美を見出してきた民族性が、芸能のひとつの型をつくり上げたのだ。女剣劇の根底にはそうした魅力もあったのではないだろうか。

男の領域に入り、男のふるまいを手に入れることで「男には絶対にまねのできない」中性的な魅力を放つ女剣劇もまた、新たな「姐御」の姿を示した。彼女たちは、強い言葉を発し、男と同じように戦い、弱い者を助けたからだ。

ここでは女剣劇のスター中野弘子の特異な人生にスポットをあて、性を越境した姐御像を探りたい。

❖少年として育った中野弘子

男女逆転劇のなかでもっとも先鋭的だった女剣劇で名を残した女優たちは、ひたすら芸を磨き、地位向上に努めた。それは、「女性の役者」として、世間の偏見と向き合う道のりでもあった。大江、不二に続く女剣劇のスターとなった中野弘子もまた、女剣劇にきわめて強いこだわりを見せた役者である。

大正11（1922）年生まれの弘子は、股旅時代劇の生みの親である作家・長谷川伸を敬愛し、股旅ものを得意とした。彼女の芝居は、颯爽とした殺陣にメリハリの効いた所作、いなせな居ずまいが特徴で、股旅ものがじつによくはまっていた。

女剣劇を代表する役者として、業界でも世間でもさまざまな揶揄や嘲笑にさらされたのだろう。

『女剣一代―聞書き〈女剣劇役者・中野弘子〉伝』（伊井一郎著、新宿書房）によれば、彼女は「女剣劇」という呼称を嫌い、メディアには普段から「じょけん」「じょけんげき」と読ませるよう伝えていた。「おんな」の語感を憎んだからだという。

そうした鋭い意志を表明していたのは、長いキャリアをもつ役者としての自負があったからだ。弘子は幼少時から、天才的な興行師の父・中野豊二郎から芸の基礎を叩きこまれて育った。

弘子の回想によると、豊二郎は京都・烏丸《からすま》の呉服屋に生まれたが、稼業を継ぐのを嫌い、清水次郎長のような親分を夢見ていたという。日露戦争が勃発すると、正規兵ではなく馬賊として参戦。馬賊とは、おもに満州周辺で活動した騎馬兵のことだ。機動性の高さを買われて軍に属すこともあり、遊撃手、盗賊、スパイなどとして幅広く活躍した。日本刀と銃をたずさえ、弁髪を結って現地民になりすました豊二郎は、志士の気分でロシア兵と闘ったそうだ。戦前までの日本では、馬賊に対して、大陸を颯爽と駆け回る自由なイメージを抱く者が少なくなかった。山っ気と侠気にあふれた豊二郎も、馬賊にロマンを抱いたのだろう。

『女剣一代―聞書き〈女剣劇役者・中野弘子〉伝』（伊井一郎著、新宿書房）

日露戦争後は浅草へ行き、テキヤの親分になって多くの子分ができた。商売でまとまった金ができると興行に手を出すようになり、幼い弘子に洋服を着せ、流行りのレビューから歌舞伎芝居まで、さまざまな芸を基礎から学ばせた。

弘子の兄が夭逝し、長女である姉・綾子が役者を嫌がったため、父が立ち上げた「中野女優団」を弘子が継ぐことになった。

弘子は幼い頃、知人の僧侶から亡き兄の生まれ変わりだという話を聞いたこともあったという。父の劇団を背負うことになった弘子が、「兄=男の代わり」という意識をこのときから抱いていても不思議ではない。

旅公演をはじめると、どの土地でも大好評だった。弘子は12歳頃には芝居漬けの生活を送るようになり、**普段からオールバックに中折帽、男羽織に馬乗袴、といった男装で暮らしていた。**のちに独立して、流行りの「男装の麗人」というキャッチフレーズで知られるようになるが、少女時代から少年姿で過ごしていたのだ。なお、弘子は「女林長二郎」の異名もとっていた。林長二郎とは俳優・長谷川一夫の旧芸名。顔が似ているというので評判になり、商売上手の豊二郎がふたりの顔写真を並べて宣伝したのだった。

弘子の聞き書きを収めた本(前掲書)には、写真資料もふんだんに掲載され、弘子のさまざまな姿を伝えている。剣劇を演じているときの表情は、見る者の息の根を止めてしまいそうな気迫だ。

普段の顔つきは、りりしくも繊細で、気高さも漂い、美しい。芸の世界で生きてきただけに、さまざまな表情をもつ人だったようだ。

さて、弘子の芝居を学ぶ熱意は、とどまることがなかった。

「女役者」として知られた名優・松本錦糸を師匠とし、後年まで敬慕した。女役者とは、女性の歌舞伎役者のこと。江戸時代には、男性が入れない大奥や大名の奥で歌舞伎を演じ、お抱え役者も務めていた。明治になると、囃子方から道具方まで女性だけの一座を組んで市中の芝居小屋で演じ、女役者と呼ばれるようになる。明治中期に人気のピークを迎え、大正後期には衰退していった。

弘子によれば、松本の男役は「まるで女には見えなかった」（前掲書）そうだ。対峙する場面の稽古をつけてもらうときは、後ずさりするほどの迫力に気おされ、怖くなってしまったこともあった。弘子は、松本のもとで男役の真髄を身に沁み込ませ、演じることの楽しさを学んでいった。

❖「女（おんな）〇〇」の呪い

「男装の麗人」は、夢の世界の男性を具現化したものだ。幼い頃からジェンダーロールを叩き込まれていた当時の女性客は、それがファンタジーだと理解しながらも、役柄に憧れ、ときに疑似恋愛を楽しんだ。弘子の公演会場も、製糸工場で働く若い女性客の貸し切りで超満員になったこともある。「剣劇あり、レビューあり、歌舞伎あり、それに男装の麗人でしょ、そりゃ、女工さんが喜びますよ」（前掲書）とは弘子の回想だ。

弘子が、「女剣劇という言葉には晩年までなじめず、好きに慣れず、嫌いだった」（同）と語ったのは、彼女の芸道一本の人生をみると、役者として、ごく自然なことだったように思える。本人は理由をはっきり明かしていないが、弱冠15歳で座長として独り立ちもした弘子としては、「自分は女剣劇だけの役者ではない」という自負があったはずだ。同時に、女剣劇を表現し、業界を盛り上げたことに対する誇りもあったに違いない。それだけに、「女」という単語に世間から貼りつけられた常識や偏見、男性客からのジャッジを、敏感に感じとってしまう。無神経な詮索によって自尊心を削られまいと抵抗する繊細さが、「じょけん」と呼ばせるという主張に至ったのかもしれない。

女義太夫、女役者、女剣劇――頭についた「女」は、「女」を強調する。弘子には、「女」というフィルターを通して自分を見られるのが嫌で、役者としての自分を見るときは性別を意識してほしくない、という気持ちも強かったのだろう。だが、世間はそれを許さなかった。あえて「女」を殺して演じる芝居に、人々は複雑な、座りの悪い感情も抱く。弘子もそれを受けとっただろうし、だから「女剣劇」という呼称に、同族嫌悪のような不快感や、払いのけたいような矛盾性も感じたのではないか。

女剣劇でも、弘子は役の歴史的背景から叩き込んで演じていたし、字を覚える前から芸を「体で」知っていた。弘子の鋭い身体性だけが、「おんな」と呼ばれたくない本心を代弁していたのだ。

❖私が私を祝福する

弘子は戦後、自身が率いる蝶々座で松竹演芸場に出演した。宣伝をしなかったが、口コミだけで観客が殺到したという。

そんな折、松竹の社長から「女役者」の名跡である「中村歌扇《かせん》」を弘子に継がせたいとの話が届く。この栄誉を、弘子は悩んだ末に断った。理由は、それまでずっと「中野弘子一代」で歩んできたから、というもので、敬愛する長谷川伸にアドバイスを求めて出した答えだった。

同時に、「女剣劇」の文言は看板に入れないことにし、芸の世界に入ったときから掲げてきた自分の名前を守る決意が固まる。「中野弘子は女役者だと、そういう思いですね」（前掲書）――そう弘子は振り返っている。

この言葉は、弘子が心酔してきた「女役者」の師・松本錦糸から学んだ芸の道への誇りを語ったものだ。つまり、このセリフの「女役者」とは、「由緒ある女性の役者」という意味。いくら自分が奮闘しようと男目線の色物から脱しきれない「女剣劇」におさらばして、「女役者」という正当な立場を守りたい、そう弘子は決めたのである。「女」としての鋭い意識を片時も忘れずに表現してきた弘子の、高らかな宣言だった。

弘子の返答に、松竹の社長は激怒した。しかし最終的には「心の太いやつだと（略）心意気がほんとの役者だと、思ってくれたようです」（前掲書）と弘子は語っている。

女剣劇のスターになった弘子は、揶揄や軽侮、好奇の目にもさらされた。しかし、長い葛藤を経てそれらをなぎ倒し、自尊心を守りながら、ひとつの答えにたどりつくことができた。自分で選んだ芸を通して自分の本心に気づき、それを宝物として守ることにしたのだ。

ここまで明治以降、新たに登場した異性装演劇をみてきた。

次は、江戸時代が舞台の時代劇映画から、女アウトローが活躍する作品、美空ひばり主演の男女逆転劇などから、新たな姐御像をたどってみよう。

日本映画がもっとも元気だった時代の姐御たちは、より荒っぽく、より多彩な姿で暴れるようになる。

「変身ヒロイン」の元祖、変装時代劇

日本映画が登場した明治末頃、女性役は男性の役者が演じていた。つまり、日本映画の女性役は、異性装からはじまったのである。

時代が下り、映画が娯楽の定番となっても、一部の例外をのぞき、時代劇の主演はスター俳優が務めるものであり、女優は相手役どまりだった。これは、初期の映画が歌舞伎から移行してきたことや、日本では「女優」の誕生が遅かったことが大きく影響している。女性が女性を演じ、女優と呼ばれるようになったのは大正なかばのことだ。

描かれ方・演じ方ともに、「時代劇映画における女性」が大きく変わったのは、戦後、女性の社会的地位があがってからのこと。男女平等が憲法で明文化されて女性の社会進出がはじまると、女性の描かれ方も各ジャンルで大きく変わっていった。例えば、娯楽作品における女性忍者の「くノ一」が、男性忍者と同じように立ち回りを演じるのは、戦後になってからのことだという（山田雄司『忍者の歴史』KADOKAWA）。

戦後、昭和30年代前半をピークに日本映画は活況期を迎え、40年代まで数多くの時代劇映画が封切られた。娯楽の王座をテレビに譲ってからは、時代劇ドラマがテレビで放映された。

映画の黄金期に時代劇映画のいちジャンルを占めたアウトローものは、江戸時代以降、歌舞伎や浄瑠璃、講談などで親しまれた侠客が、引き続き主人公となった。開放的なムードが漂う『次郎長三国志』シリーズ（監督：マキノ雅弘）などは、戦後らしい時代劇の代表作だ。ほかにも、国定忠治、股旅ものの沓掛時次郎や番場忠太郎、木枯し紋次郎、座頭市など、アウトローものの主人公は時代劇映画の立役者だった。誰もが知るスター俳優がこれらをかっこよく演じ、アウトローが英雄視されていた。

このようなアウトローたちを女性に置きかえたら、どうだろうか。人気女優が歴史上のアウトローを演じた作品はやはり戦後、相次いでつくられている。今、「くノ一」のイメージが実在したかのように広まっているのと同じく、時代劇の女アウトローもまた、人々の「姐御」のイメージを強化した。

❖女版『座頭市』

昭和44（1969）年公開のシリーズ映画『めくらのお市物語』（全4作）は、盲目で居合の達人・市が活躍する『座頭市』シリーズの女性版といえる作品。

主人公「めくらのお市」は、幼い自分を置いて母親が姿を消した日、稲妻の光を受けて視力を失い、弥助（河野秋武）に拾われて育つ。やがて弥助はやくざの伝蔵（天津敏）に殺され、お市は、伝蔵への復讐を決意。彼女の手助けをするのが、お市が伝蔵一味から襲われたところを助けてくれた浪人の浮田（長田勇）だ。お市は居合の師となった浮田にいつしか恋心を抱くが、それに気づいた浮田は、赤い仕込み杖を残して姿を消した。浮田はその後もひそかにお市を見守り、彼女の杖のような存在となる。そうとは知らず、母を探しながら敵討ちの旅を続けるお市は、宿場や賭場での騒動や出会いを通して成長していく。

お市が、身売りされようとしている娘を助けようと奮闘する姿もじっくりと描かれるところなどは、勝新太郎版『座頭市』の単なる女性版というより、長谷川伸の股旅時代劇のおもむきが強い。母を追い求めるという大筋も、長谷川の代表作『瞼の母』を彷彿とさせる。お市の場合、母親が自分を捨てたという深い傷が、不幸な女の子を助けたいという願いに向かわせるのだ。

敵一味と斬りあうシーンは、女座頭市だけあってやはり迫力充分。勝新太郎の『座頭市物語』は主人公の市が上州出身ということもあり、舞台は関東がほとんどで、全体に乾いた空気感があった。お市の殺陣のシーンも、荒地を背景に枯れ葉が舞い、似たような演出だ。前年に公開された大ヒット任侠映画『緋牡丹博徒』の主人公・お竜を意識してか、着物が乱れない端正な立ち回りも女版ならではの魅力である。

それもそのはず、主演の松山容子はほかにも多くの時代劇で活躍し、すでに殺陣にも定評があった。『天馬天平』（昭和35年）、『琴姫七変化』（昭和35〜36年）では「男装して剣を振るう姫君」でアクションを美しく演じる女優として話題を呼んでいたのだ。この2作品はいずれも、男顔負けの剣を披露するという役柄で、とくに後者は、芸者、くノ一、鳥追（女性の旅芸人）と、くるくると姿を変えるシーンに注目が集まった。

この時期、とくに主演女優が作中で男装を含めた変装を披露する時代劇がブームとなっていた。これもまた、戦後に女性がさまざまな職につくようになった変化を反映したものだろう。

❖女性の自己実現でもあった「変身」もの

「木枯し紋次郎」「丹下左膳」の女性版もある。いずれも主演は大楠道代《おおくすみちよ》で、公開は昭和44（1969）年。「女紋次郎」は『笹笛お紋』というタイトルで、『木枯し紋次郎』では主人公の紋次郎が口にくわえていた長い楊枝が、「女紋次郎」では笹の葉になる。後者の『女左膳 濡れ燕片手斬り』は、黒衿をかけ、経文が柄になった白の着流し姿で、本家の丹下左膳と同じく隻眼隻腕という姿。タイトルの「濡れ燕」は愛刀の名で、これを稲妻のように素早く抜いて敵を斬り倒していく。

男女逆転ものや女性主人公の強さを意識した時代劇・女侠ものは戦後、格段に増えた。女座頭市や女紋次郎のようなユニークな女性主人公による大胆な時代劇を送り出した時期は、映画の好

『女左膳　濡れ燕片手斬り』DVD
（KADOKAWA）

『笹笛お紋』DVD
（KADOKAWA）

況期とほぼ一致する。だが、客の入りが悪くなってくると、時代劇映画は新たな作風を模索するなかで、一部が儲け主義に走りポルノ化していく。なかでも女性が主人公の作品は、露骨にお色気路線を打ち出した作品も少なくなかった。

　お色気路線以前に登場した女座頭市、女紋次郎など「魅力的なダーティヒーロー」は、作中で自分自身を力強く生き抜く姿も、高く評価された。「男の真似をしているだけ」と思われなかったのは、人間ドラマも丁寧に描くことで「強くて弱い」主人公の葛藤や成長が伝わってきたからだろう。

　高度成長期を経て人々が似たような価値観に染まっていくなか、「戦前の古い日本」を象徴する座頭市や紋次郎は、そこから大きくはみ出た生き方を示して、新鮮に映った。いっぽう女性版の場合、それに加えて新しい女性像も象徴していた。

戦後、男性と同じ地点に立てた女性たちの可能性である。同じ男装の時代劇でも戦前の女剣劇とは違い、**「私たちも強くなれる」「別の世界へ行ける」という期待も背負っていた**のが、戦後の女アウトローたちだったのだ。『キューティーハニー』『美少女戦士セーラームーン』『少女革命ウテナ』『美少女仮面ポワトリン』など、のちの変身ヒロインアニメ・ドラマのルーツともいえるだろう。

❖美空ひばりのジェンダーレスな魅力

戦後に増えた男女逆転ものの時代劇に数多く主演したスターがいた。今ではもっぱら「昭和の大物歌手」というイメージで知られる美空ひばりである。ひばりは戦後の一時期、第一線の映画スターだった。

デビュー作は、昭和24（1949）年、12歳で出演した『のど自慢狂時代』。そして同年、5作目にして主演を果たした『悲しき口笛』が、自身が歌った主題歌とともに大ヒットする。日本映画が全盛期を迎える昭和33（1958）年には、時代劇を中心に娯楽映画を量産していた東映と専属契約を交わし、スターとして飛躍していく。ひばりが出演した映画はおよそ150本以上で、うち90本前後が時代劇。その多くが、チャンバラ映画だった。

左から『ひばり捕物帖　かんざし小判』DVD、『ふり袖捕物帖　若衆変化』DVD、『大江戸喧嘩纏』DVD（全て東映）

東映のチャンバラ映画は、片岡千恵蔵、市川右太衛門、大友柳太郎、東千代之介、中村錦之助、大川橋蔵、そして美空ひばりの7大スターでまわす体制をとった。社の看板であるシリーズ時代劇では、ひばりも『ひばり捕物帖』（昭和33年〜）を背負っている。

男性主人公による派手な立ち回りが売りのチャンバラ映画は、ひばりの中性的な魅力を見せるのにうってつけだった。主演した現代ものの代表作『悲しき口笛』『東京キッド』では等身大の少女役だったが、同じ時期に出演した多くの**時代劇では少年役**を演じており、異性装には早くからなじんでいた。おそらく同世代の女優ではひばり以上に男装・チャンバラを演じた者はいないだろう。

『歌ごよみお夏清十郎』（昭和29年、新東宝）と『ふり袖捕物帖　若衆変化』（昭和31年、東映）はいずれも娘役だが、劇中で若衆姿に変装して事件解決に乗り出すという役どころ。東映移籍後の代表作『ひばり捕物帖』シリーズも同様の役だ。このように「じつは女だが男装をして活躍する役」は好評を博し、その後も続いた。

20代前半になると、完全な男役を演じた。**「じつは女性」という設定ではなく、「生まれたときの性別が男」の役だ**。代表作に、森の石松を演じた『ひばりの森の石松』（昭和35年、東映）、弁天小僧・菊之助を演じた『ひばり十八番　弁天小僧』（同）などがある。森の石松は清水次郎長の一家のやくざで、弁天小僧とは歌舞伎『白浪五人男』に登場する、女装して悪事を働く男だ。

ほかにも、男女二役を演じた『天竜母恋い笠』（同）、男女三役に扮した『ひばりの三役　競艶雪之丞変化』（昭和32年、新東宝）などは劇中で次々に変装するところが人気だった。後者では、女形である中村雪之丞と怪盗・闇太郎、回想シーンで登場する雪之丞の母・お園を演じた。「女形」は男性の役者が演じるものだが、この場合、「（女性であるひばり扮する）女形の雪之丞が、劇中でじつは女性であると明かされる」というややこしい設定だった。

昭和30年代の時代劇では、前述した松山容子の人気作『琴姫七変化』のように、女優が二役三役を変装（異性装）しながら演じる作品がひとつのジャンルとして人気を集めていた。なかでも人気の捕り物帖は、十手を振り回して事件を解決する快活な町娘や侠客が、じつは高貴なお姫さまだった……という筋が受けていた。時代劇の場合、男女・職業などの区別が衣類や髪型で判別できるから、視覚的なおもしろさが明快で、観客の反応がよかったのだ。

さらにひばりの場合、劇中で歌も披露するのでエンターテインメント性が高かった。作中で性の越境を繰り返しつつ、その間に立ち回りと歌をこなすのだから、見ているほうはショーを眺めているような楽しさを感じる。

ひばりの顔立ちは時代劇向きで男装が映え、とくに若い女性客をとりこにした。当時の雑誌類からファンの感想を拾うと、ひばりの若衆姿、渡世人姿が人気を集めていたようだ。岸本加代子が、「女でもウズいたひばりさんの石松」という雑誌の記事で、森の石松役を「あのイナセな流し目が、女から見たらたまらない。ホレボレして、ウズウズしちゃう」とコメントしたこともある（『キネマ旬報別冊　美空ひばり映画コレクション』1994年、キネマ旬報社）。完全に、今でいう「推し」のテンションである。歌に恋愛劇に痛快な立ち回りに……と、七変化するひばりの姿は、宝塚の男役が与えるような陶酔感がありつつ、女性の変身願望も刺激したのだろう。

いっぽうで、芸者や姫など女性の役でも魅力を発揮した。めまぐるしく、そしてたやすく性別も階層も飛び越えていく彼女の姿は、男女の社会的役割が変わりゆく戦後、人々の心を軽くした。

❖異性装は日本のお家芸

映画とともに、歌舞伎・剣劇（大衆演劇）・歌劇団は戦前、広く愛された娯楽だった。前述した女剣劇も含め、これらの芝居すべてに共通したのが、「性の越境」である。歌舞伎なら女形、歌劇団（宝塚・松竹）なら男役だ。そして、見せ場でチャンバラ、立ち回り、歌と踊りがあるのも共通する。

踊り（舞）・歌（謡）・変化（へんげ）・異性装。この4つは古来、列島各地の祭祀や儀礼でもよくみられる要素であり、いわば伝統芸でもあった。

例えば、剣劇と時代劇の立ち回りをはるかにさかのぼれば、猿楽から派生した能楽、歴史的な合戦を模した劇にたどりつく。いかにも近代の新たなイロモノ劇だと思われていた女剣劇も、連綿と続く伝統芸能の系譜に連なるのだ。

ひばりの場合、若衆姿でチャンバラを繰り広げるという見せ場は、女剣劇の特徴も取り入れていた。時期的にも、戦後、浅草で女剣劇がリバイバルした頃と重なるし、あの中野弘子とも親友だったのである。ひばりが母親・喜美枝から「中野弘子の、あの目をちゃんと見ならわなくちゃだめよ」と言われていたことを、のちに弘子が語っている（伊井一郎『女剣一代　聞き書き女剣劇役者中野弘子伝』新宿書房）。ひばりが演じた男女逆転時代劇もまた、戦前までの系譜に乗った「伝統芸」なのだ。

ひばりが映画を去り、時代劇がテレビに主戦場を移した頃、異性装を特徴にした時代劇は減っていく。入れ替わるようにして、女優は女性の役を演じるもの、という「常識」が定着していき、女優のイメージは固定化していった。


男女逆転劇の強い女たちは、いずれも、女性の社会的立場に何らかの変化が訪れる時期に登場した娯楽だった。

宝塚、女剣劇は良妻賢母・純潔教育が当たり前となった社会で、男装した新しい主人公として人々に驚きを与えた。「女性らしく」方向づけられた女性たちがつかの間の夢を見たのが宝塚であり、男性客のゆがんだ視線を刺激したのが女剣劇だった。

そして、戦後に封切られた異性装時代劇は、現代的な意味での「男女平等」を象徴する開放感にあふれていた。女性の選択肢が一気に増えた新たな世界で、女性の希望を受けとめたのだ。それは裏を返せば、女性が自分のままでいることが、それまでとても難しかったということだ。

自分が変われば目の前の世界が変わり、「強者」にもひるまず、弱い者を助ける力をもてる——性別を超えることでそれを体現した主人公たちは、新しい姐御像を打ち立てた。

さて、次の章では、もっと強い姐御たちが登場する。〝超男社会〟で男を蹴散らすようにして働いた女性たちを描いた任侠映画を見ていこう。

強烈な姐さんたちの生き方は、じつは私たちのいいモデルになりそうなのだ。

4章

近代化と肝っ玉姐さん
——任侠映画の女性たち

姐御と聞いて、任侠映画の登場人物を連想する人は多い。任侠映画は男の世界を描く半面、主役・脇役ともに女性が目立つ作品も多いからだろう。

例えば、火野葦平《ひのあしへい》の原作小説を脚色した北九州炭鉱ものの作品群。炭坑社会を舞台に、そこで働いた男女や炭鉱成金の旦那衆、芸者たちのドラマが展開する。実在した「侠客芸者」「女親分」など、じつにアクの強い面々が、荒々しくも情感あふれる世界を盛り立てていく。北九州市出身の火野が取材した話がベースになっているので、時代背景や文化風土もリアリティ充分だ。

舞台は、明治〜大正期の西日本。造船や鉄鋼などの重工業、それをエネルギー源として支えた炭鉱業界という男社会で生きたのが、ここで紹介するこの土地ならではの姐御たちだ。

女性に対する良妻賢母的なものさしが全国に広まったとはいえ、農村部や地方では江戸時代からの慣習もあって、女学校に通えない娘もまだ多かった。花嫁修業としての女学校文化圏外の社会があったのだ。

任侠映画では、炭鉱社会や花柳界など特殊な生活圏を描いているという事情もあるが、そこには地方色の濃い女性像が写しとられているのである。荒っぽい社会で男性とともに働くということは、現代の女性と共有できるような葛藤や喜びを当時の女性たちにも与え、強くした。

炭坑社会と姐御たち

❖『花と龍』で描かれる荒っぽい社会

九州の石炭採掘が産業化した最初期は、江戸時代中期までさかのぼる。一説によると、佐賀・唐津の農民が「燃える石」を発見し、50年ほど経ってから唐津藩（佐賀県）が専売化したのだという。

やがて、事業欲をかきたてられた人々が、長崎の島原や平戸、福岡の筑豊などからも集まってくる。なかには通行手形を持たずに侵入する流れ者もいたという。粗暴な肉体労働者も多く、現場では博奕や金銭トラブルによる騒動が絶えなかった。

幕末になると、肥前、筑豊、三池など北九州各地で石炭が算出されるようになる。ただ、当時の用途はほとんどが塩田の燃料であり、蒸気船燃料としての需要が増えつつあるところだった。

明治になり、西南戦争（１８７７）で反政府の動きが収まると、九州各地で近代化事業にはずみがついていく。北九州では、動力源として富国強兵を支えた石炭の採掘が進み、明治34（１９０１）年には官営八幡製鉄所が操業を開始。国の重工業を象徴するエリアとなった。

北九州で石炭を運ぶ作業員は、「ごんぞう」（「ゴンゾ」とも）、あるいは「仲仕《なかし》」と呼ばれた。石炭を船舶に積み込む者は「沖仲仕《おきなかし》」といって、大型船舶が増えた明治後期は沖仲仕の存在感が増す。

炭鉱業は、細分化・組織化された労働力によって成り立つ。山では、通路の保全や排水に気を配りながら坑道を掘り進め、採掘した石炭を外へ運ぶ。山の外へ運び出された石炭は、選別と洗浄を経て、船か鉄道で港まで運ばれる。それを国内外に輸送する船舶に積み込むのが沖仲仕たちだ。石炭の積み込み、積み下ろしの作業を「荷役《にやく》」といった。

北九州の炭鉱を舞台にした火野葦平による長編小説『花と龍』では、炭坑主から請け負った荷役を管理するのが、主人公の玉井金五郎。荷役「玉井組」の親方だ。金五郎は、葦平の実父（玉井金五郎は実名）で、ほかの登場人物も実在した人たちをモデルにしている。

金五郎ら荷役の請負業者は、いつ大口の仕事が入ってきても対応できるように、多くのごんぞうを抱えておく。特定の組に属さない一匹狼もいて、「渡りごんぞう」「馬賊」などと呼ばれていた。彼らは荷役の利権をめぐってときに暴力沙汰を起こしたので、玉井組でも、日本刀やピストルなどの武器を常備していたという。

なお、鉱山では、納屋頭が炭鉱作業員たちを監督する。作業中は小頭《こがしら》、役人と呼ばれた現場監督が厳しく監視し、作業に音を上げて逃げ出す者には、ときに苛酷なリンチを加えた。荷役・鉱山作業ともに、組織は親分・子分のきつい上下関係で結ばれていた。

❖フランスのフェミニストが驚いた「女ごんぞう」

『花と龍』など北九州の炭鉱を舞台にした映画には、女性のごんぞうも登場する。『花と龍』では、金五郎の妻、マン（葦平の母親がモデル）がごんぞうだ。

明治31（1898）年7月3日付『門司《もじ》新報』の沖仲仕の出身地に関する記事によると、広島、愛媛が大多数を占め、次いで香川、兵庫、大分が順次続き、地元出身者はほぼいなかったようだ。年齢層は12～50歳と幅広く、女性も少なくなかった。スコップで籠に石炭を入れる「入鍬《いれくわ》」という作業をおもに担当した。

女性のごんぞうには、九州で「からゆきさん」と呼ばれた若い女性たちも混じるようになる。からゆきさんとは、おもに東南アジアに渡航して売春婦として生きざるを得なかった日本の女性たちのことで、長崎港から海を渡っていた。石炭の輸出港がかつての長崎港から門司港に移行した折に、船の取り締まり強化により海外に密航できなかった女性たちが、炭鉱で働くようになったのだという。逆に、監視の目を逃れて門司港から海外へ売り飛ばされた女性もいた。映画版『花と龍』（昭和48年版）では、金五郎の息子・勝則の恋人が勤め先の遊郭からマニラへ売り飛ばされるシーンがある。

ごんぞうは女性にとって肉体的にきつい仕事だが、なかでも苦しかったのが「天狗取り」と呼ばれた荷役だ。これは、船舶の側面（舷）にひな壇状の足場を渡し、各段にふたりずつごんぞうが立ち、竹籠に入れた石炭をバケツリレー式に運び上げていく作業だ。

高倉健が金五郎を演じた任侠映画『日本侠客伝　花と龍』（監督：マキノ雅弘、昭和44年）では、天狗取りの様子が迫力たっぷりに描かれ、目を引く。大勢のごんぞうがびっしりと船腹に貼りつくようにして並び、石炭を積み上げていく姿は、さながら人間ベルトコンベアーだ。古代から続く人間の単純労働を可視化したかのようでもある。手際の良さと呼吸が肝要で、これが乱れると現場が混乱するだろうことがひと目で伝わる。

石炭は重く、男性でも音を上げるほどの苦痛をともなう。さらに、潮流が激しい関門海峡での天狗取りでは、海へ落下してそのまま助からない者もいた。この地では、こうした作業を戦後まで女性も行っていたというから驚く。男性と同じ厳しい現場で鍛えられた女性たちの話し方は粗暴になり、賭場に出入りする者もいた。気性の荒さでは北九州屈指といわれ、早くも明治末、女ごんぞうは門司港の名物になった。

なお、戦後、フランスから来日した作家のボーヴォワールとサルトルが、日本独自の天狗取りを見て驚嘆したという話がある。**フェミニストのカップルが、男とまったく同じ力仕事をする女**

ごんぞうたちを「表敬訪問」したことは語り草となった。

❖女性を強くした炭鉱

石炭を掘りだす鉱山でも女性が働いていた。昭和6（1931）年に女子入坑禁止令が出るまでは女性が男性と同じようにやはり過酷な採掘作業を行っていた。平成23（2011）年、世界記憶遺産に登録された山本作兵衛の炭坑画にも、働く女性がいきいきと描かれている。

山本の母親も炭鉱で働く気丈な人で、役人（作業員を監督する役職）に注意されても平気で言い返していた。例えば、ごんぞう用の風呂があまりに汚いので、役人用の風呂へ入ったときのこと。とがめる役人に対し、「なんかキサマ。おまえは人間か、それとも神様か、神様ならいざ知らず、人間ならあんな風呂にはいれるやつはおらんぞ。がたがたぬかさんと、おまえが坑夫風呂にはいってみよ」（山本作兵衛『画文集　炭鉱《ヤマ》に生きる　地の底の人生記録』講談社）と怒鳴り返したそうだ。

炭鉱にしろ、荷役の現場にしろ、日常的に怒号が飛び交う殺伐とした場では、女性もおとなしくしていては仕事にならない。**不当に権力を振りかざす相手に対しては、逆にひるませる勢いで向かっていかねば、身も心もすさんでしまう。**現場でもまれるうちに女性たちの気質も鉄火肌になっていったに違いない。

映画『日本女侠伝　血斗乱れ花』（監督：山下耕作、昭和46年）では、明治中期の直方《のおがた》炭鉱（福岡県）を舞台に、炭坑主になる女性がたくましく成長していく姿が描かれる。主演の藤純子演じるていは、大阪・船場の呉服屋のおかみさんとして不自由なく暮らしてきたが、ひょんなことから北九州に渡り、鉱山主として奮闘することになる。当然、最初は炭鉱社会で浮いた存在となり、同業者たち（もちろん全員が男性）から舐められっぱなしだ。さらに、一帯の実力者から執拗なセクハラを受け、誘いをやんわりと断るたびに事業の妨害をされる。

ていが、「わては女やおまへん。あきんどだす!!」ときっぱり拒めるようになるのは、苦闘の末にいっぱしの炭鉱主に成長してからのこと。周囲の助けや亡き夫への愛情、自分の力で仕事をしたという誇り——大切なものを守り抜いてきた自負から、思わずもれた言葉だ。

『日本女侠伝　血斗乱れ花』DVD
（東映）

男社会の「女から仕事を切り離す」価値観に耐えてきた主人公が、自らの強さで実力を勝ちとり、ようやく嫌悪感をあらわす姿は、示唆的である。

この作品はオリジナル脚本だが、平成27（2015）年に放送されたNHK朝の連続テレビ小説

『あさが来た』の主人公のモデル・広岡浅子や、鉱山学を身につけ、三重県の治田《はった》鉱山を自ら採掘した五代藍子《ごだいあいこ》（旧薩摩藩士・五代友厚《ともあつ》の次女）など、炭坑主になった女性は同時代に実在した。

❖筑豊炭田と船頭の社会

ていのような女性が物語の主人公になったり、『あさが来た』の主人公あさが炭鉱に乗り込んでいった話が語り草になったりするのは、女性が炭鉱社会に入ることの異常さが広く知られていたからだ。実際、かつての炭鉱業界は女性どころか男性ですらひるんでしまう荒っぽい社会だった。

福岡の筑豊炭田では、石炭運搬用の船を「川艜《かわひらた》」と呼んでいた。名前の由来は、遠賀川《おんががわ》の浅い水深に合わせて船底がたいらになっていたためである。

川艜の船頭たちもまた、ごんぞうと同じように、「川筋者《かわすじもん》」という一種のやくざ気質で知られた。川筋者の「川」は遠賀川を指す。その本場が芦屋町（福岡県遠賀郡芦屋町）であり、『花と龍』の舞台である若松の対岸に位置する。

金五郎の次男・玉井政雄（火野葦平の弟）は、随筆『ごんぞう物語』（オール日本社）で、芦屋の川筋者気質について書いている。芦屋町生まれのある将校が小学生の頃、教室で先生から「お前たちは将来、何になる」とたずねられた。すると、「はい、やくざになります」と数人が答えたそうだ。また普段、勝敗を争う遊びでは勝った者が「親分」、負けた者は「子分」になるルールだったという。日常的に刃傷沙汰がある土地柄が、子どもの社会にも影響したらしい。

明治のなかばになると、船頭の需要もあがるいっぽうだった。そのため、一獲千金を夢見て他県から来る船頭やヤマ師があとを絶たず、町は異様な熱気にあふれていた。自らの力だけを頼りに金を求める男たちの社会は、博奕と酒と暴力にまみれ、「若松で船頭とごんぞうが喧嘩をしてそれを人間が止めた」という俗謡がうまれる有様だった。

川艜の数は、ピーク時で8000艘にも達し、明治なかばには筑豊の川艜業者による組合が成立。船頭が集まった業態は「組」と呼ばれ、その代表者が炭坑主と契約して石炭を運ぶ。親方と呼ばれた組の代表は、船頭たちをまとめて親分・子分の関係をむすんだ。

『花と龍』に共鳴したフェミニスト監督

❖博徒で彫り師の姐御

さて、たびたび触れてきた火野葦平の『花と龍』の世界を改めてみていきたい。

戦後の昭和28年に発表された長編小説『花と龍』は、葦平の両親である玉井金五郎と谷口マンが主人公。物語は二部構成で、後半は金五郎の息子・玉井勝則＝火野葦平の自伝的内容が展開する。勝則は、金五郎が石炭荷役の「玉井組」を創設した明治40（1907）年に生まれた。

『花と龍』をはじめとする葦平の若松ものの小説は、**姐御肌の女性たちが活躍するのも大きな特徴**であり、魅力である。肉体労働の現場で男とともに働く気性の激しい女性たちや、石炭王に動じることなく意思を貫く勇敢な芸者たち。いずれも、葦平の母・マンと、芸者だった妻の良子の個性が投影されている。

『花と龍』DVD（松竹）

『花と龍』は5回、映画化されたほか、ドラマや舞台にも脚色されている。ここでは、フェミニストとしても知られた監督、加藤泰が演出した渡哲也主演の『花と龍　青雲篇 愛憎篇 怒濤篇』（昭和48年、松竹）をとりあげる。これは、完全版と銘打った最後の映画化作品で、葦平の自伝部分までまんべんなく描いている。

明治末の北九州。幼い息子・勝則を連れ、引っ越しの荷物を担いだ金五郎（渡哲也）と恋女房のマン（香山美子）は鉄道沿いを歩き、若松を目指している。マンはブラジルへ渡る夢を明かし、金五郎は「人間は裸一貫じゃ」と応じて中国大陸へ渡る大志を語った。超ローアングルのシャープな映像が勢いを感じさせる、加藤泰らしいオープニングだ。

金五郎とマンは若松の永田組に雇われ、ごんぞうとして日々、真っ黒になりながら働きはじめる。若松では友田喜造（佐藤慶）の友田組も勢力を伸ばしていて、金五郎が働く永田組の荷役を奪うなど、妨害するようになっていた。両者の争いは激化し、金五郎も巻き込まれていく。

金五郎は、永田組の慰安旅行で訪れた温泉宿で賭場に誘われ、結婚前に知り合った「蝶々牡丹のお京」（倍賞美津子）と再会する。涼しい顔でいかさま博奕をやってのけるお京はまさに姐御の風格があり、以前よりも妖艶な魅力が増していた。お京に酒をすすめられて心地よく酔った金五郎は、彼女への淡い憧れがよみがえり、痛飲してしまう。

お京は彫り師でもあった。翌朝、金五郎はお京に勧められるまま、背中に刺青を彫ってもらうことになり、マンに連絡をせずに1週間ほどお京のもとに滞在する。

お京に背中を預けている間、金五郎の口からは悩みごとや弱音が自然と出てきた。金五郎の言葉を受けとめ、はっきりとした口調で短く意見を述べるお京は、加藤ならではの、意志の強い女性像だ。

十数年が流れ、昭和初期。金五郎の息子・勝則（竹脇無我）は、大学で文学を志すようになり、金五郎の荷役会社・玉井組を継がせたい金五郎としばしば衝突している。そんな折、勝則は遊郭で働く恋人の光子（太地喜和子）と駆け落ち事件を起こす。勝則は東京の大学で学ぶうち、売春婦を開放すべきだと考えるようになっていたのだ。だが、その遊郭は友田が経営する店だったことから、金五郎は頭を悩ませる。

勝則、金五郎、友田はこの件を解決するために話し合いの場をもった。このとき、話がこじれた瞬間に友田の妻が割って入り、友田に意見を主張する。すると、激怒した友田は「女は黙っとれ！」「女郎などどくれてやる。妾でもなんでも勝手にしろ」などと、凄まじい剣幕でどなりつける。これは原作にはない加藤ならではの演出。女性を前面に押し出すシーンでは、加藤式のメッセージがこめられている。女性を尊重する勝則と対比させて、男尊女卑を際立たせたのだろう。映画の公開時期（昭和48年）には、売春防止法施行から10年が経っており、こうした描写が受け入れられやすかった。

❖半世紀前に描かれた「未来の女性」

火野葦平の原作小説を読むと、彼がとても進んだ女性観の持ち主だったことがわかる。『花と龍』の場合は、書かれたのが昭和27（１９５２）年（単行本化は28年）ということもあり、男女格差に鋭い目が向けられている。映画化作品のやや記号的な女性像よりも、葦平の原作の女性たちのほうが身近で生々しく感じられるのは、書かれた時代背景に加えて、実在した女性たちの個性が鮮やかに描写されているからだろう。

女性に関わる問題意識も、不思議なほど現代とマッチしていて興味を引く。例えば、金五郎と出会う前、マンが故郷でくすぶっていた頃の描写。男女で賃金の差があるのが不満だと兄にぶつけ、次のような問答になる。

「女ッて、損ねえ」

「なにが、損か」

「はじめから、男とは段ちがいに、定められとる。なんでも、下廻りばっかりで……」

「そら、しかたがないわ。昔から、そうなっとるんじゃから」

「なぜ、そうなっとるの? それが、あたし、おかしいのよ。いいえ、はがいいのよ。沖仕だって、そうでしょ。男が一人前とるのに、女は六分、そりゃあ、女は男ほどの仕事はできんかも知れんけど、男の中にだって、女の半分も出来ん人があるんじゃけ。それでも、賃銀は定められたとおり、不公平やわ」

「そんなこと、いうたって、通りやせん」

「それが、はがいいのよ。まちがったことでもなんでも、そのまま平気で押し通す――それが、男の権利なの?」

ここからは、返答に詰まる兄に畳みかけていく。

「権利と思うとるのね。親方さんだっても、そうやわ。ちゃんとごりょんさんがあんなさるとに、オメカケさんを囲うて、さっきも、人力で乗り込みなさる。メカケの一人二人もつのは、男の甲斐性いうて、メカケを持たぬ者が、かえって、馬鹿にされる。そんなことが、当りまえみたいに通るのは、まちがいよ」

さらに、いつも妻に言葉と腕力で暴力を振るう兄を責め立てる。なお、マンがいう女性仲仕の賃金が六分というのは、現実にあった問題である。

マンは、こうした日常に嫌気がさして故郷を飛び出し、金五郎に出会う。金五郎は、それまで出会ったどんな男とも違っていた。

❖「結婚は早い、遅いじゃないとです」

金五郎は、働くマンのひたむきな姿を美しいと思い、生活をともにしたいと感じるようになる。ふたりが互いを思う気持ちはあふれ出ていたから、周囲にもすぐにわかった。だが、マンは結婚を周りからけしかけられても、意地を張るようにして突っぱねる。「(結婚の時期は)早い、おそい、じゃないとです」という言葉からは、自分で選び、自分で言うのだ、という意志の強さが伝わる。

現代でも、世間的にもう若くないといわれる年齢になってようやく女性に選択権が増える例は多い。結婚や出産に対する脅迫めいた言葉がいまだに飛んでくる今の時勢を考えると、**半世紀以上前の小説のほうが進んでいるのでは**……と思わされる。

マンのこうしたセリフは随所で効いていて、作品の大きな魅力となっている。金五郎は、自分が人生の主人公であることを本能的に知っているようなマンの言動に驚きつつも、まぶしそうだ。そんなとき、「これは、女の龍かもしれん」と感じ、男女の竜が並んで昇天していく姿を思い浮かべたりする。原作の金五郎とマンは、なんのてらいもなく**「パートナー」と表現したくなるようなカップル**なのだ。

無断外泊をしてお京に刺青を入れてもらった金五郎の浮気を疑う場面でも、原作小説では、現代的な問題が示される。怒ったマンが家出した玉井家では、組の若者たちが8人がかりで家事に取り組むが、すぐに音を上げる。彼らは、マンが日々、大人数の炊事、洗濯、料理、買い物などをひとりでこなしていることを初めて知って呆然とするのだ。

「うちの姐さんだけじゃないばい。女房ちゅうもんは、どこの女房でも、みんな、これだけの仕事をしとるんじゃよ」。

小説では、金五郎はお京にぐらつきながらも踏みとどまる。だが、ふたりのただならぬ関係を疑ったマンは、怒りが収まらない。マンの人物像は、映画化作品ではずいぶんとマイルドになっているが、実際はかなり厳しい女性だったという。浮気疑惑のように「よほどのこと」があれば平手打ちを食らわせ、言葉の弾丸を浴びせる。体の関係はなくとも気持ちがお京になびいたことは、マンの純粋さが許さないのだ。

このマンの考えに対して金五郎は、女性をモノ扱いする若松の炭鉱社会のなかでは自分など立派なほうだ、とひそかに胸を張っている。心のなかでは、そうした愚痴と、「いっそ浮気してやろうか」という欲とがせめぎ合っていた。この心理描写のくだりは、炭鉱社会の「男らしさ」への執着や、金五郎の「女は守るもの」といった考えを皮肉っているようにも読める。あるいは、事実そのものでもあったかもしれない。

❖家父長制を嫌悪した作家——火野葦平

『花と龍』で火野葦平が示した鋭い女性観は、実体験がもとになっている。例えば、映画で、勝則（火野葦平）が東京の大学を卒業後、金五郎と進路をめぐって衝突する場面。これは、葦平が早稲田大学で文学に惹かれはじめた頃、両親から家業を継ぐよう説得されていた事実が反映されている。実際、当時の葦平は苦しんでいたようだ。

教育をほとんど受けていない金五郎と、早稲田大学で文学を志した勝則とは、まるでタイプが違うように思えるが、葦平の三男の玉井史太郎氏の著書『河伯堂《かはくどう》往来』（創言社）によれば、金五郎と葦平は細かいところまでよく似ていたという。記録魔だったところもそっくりで、金五郎が残した膨大なメモ類は小説の資料になった。

将来に悩んだ葦平はやがて**「なぜ長男に生まれたのか」「日本の家族制度を憎む」**といった内容を日記に書きつけるようになった。結局、両親の願い通りにごんぞうになるのだが、家父長制による抑圧に向き合わざるを得ないことに耐えかね、嫌悪していたのだ。

葦平は玉井組を継いだのち、40歳で日中戦争に従軍し、太平洋戦争にも従軍作家として各戦線へ赴いている。時代の大きな変化のなかで旧来の社会制度への葛藤を内面化しつつ、開放を求めつづけたことも、『花と龍』後半の隠れたテーマになっている。

小説『花と龍』が世に出たのは、ちょうど連合国軍の占領が終わる頃であり、女性の社会でのありかたに対して、人々の意識が尖っていく時期だ。葦平が見聞きしてきた女性たちの力強さは、時代の追い風も受けて普遍的な物語となった。

葦平の三男・玉井史太郎氏の著書（前掲書）によると、晩年の金五郎は、マンに遠慮して別宅で別の女性と暮らしていたそうだ。孫たちから見た金五郎は穏やかでやさしいおじいさん、マンは厳格で度胸のあるおばあさんだったという。

金五郎もまた、「男らしさ」という鎧がなくては表に立てない人だったのだろうか。

鉄橋をつくった親分「どてら婆さん」

小説『花と龍』および映画化作品に、正真正銘の女親分が登場する。島村ギンこと「どてら婆さん」だ。婆さんといっても三十代なかばで、どてらを着た力士のような体格からこう呼ばれた。

どてら婆さんのモデルは、西村ノブという女性。明治24（1891）年に完成した筑豊鉄道の鉄橋架線工事に人材を投入した「親方」で、その功労により表彰されている。男社会で財力、政治力を身につけ成り上がった彼女の一人称は「おれ」であり、言動や服装も男のようだったという。

実在した彼女の生き方を、モデルとしたフィクションと史実の面からみていこう。

ギンは、『花と龍』では金五郎と対立する悪役だ。若松で勢いを増す新参者の金五郎を妨害しようと子分を使って闇討ちしたりする。

金五郎が初めてギンを知ったのは、若松の大親分、吉田磯吉に招かれた宴席でのことだった。磯吉からむかしの武勇伝を聞かされ、その話のなかに「おギンさん」の名が出てくるのだ。磯吉は「今、若松でどてら婆さんちゅうたら、ばりばりの女侠客じゃ」と金五郎に教える。

いっぽう、マンが初めてギンに会うのは、金五郎がギンの子分に襲われて重傷を負い入院したときのこと。マンは、もしギンが病室に現れたら敵討ちをしようと短刀を隠し持っていたが、現れたギンをみて拍子抜けする。ギンは、子分が勝手にやったことだと言い訳し、ひたすら体を縮めて詫びるばかりだった。

❖「親方」「顔役」と呼ばれた女

火野葦平（玉井勝則）の実弟である玉井政雄が書いた『ごんぞう物語』によると、実際は、このときマンのお腹に3か月の政雄がいたため敵討ちを思いとどまったのだという。マンは、成長した政雄に病室での出来事を話すとき、ギンのことを「顔役」「親分」と呼んでいたそうだ。なお、葦平の三男・玉井史太郎著『河伯堂往来』によると、犯人は玉井組とライバル関係にあった土地の親分との説もあり、ギンの指示かどうかははっきりしていないという。

❖スゴ腕の姐御を持て余した映画人たち

火野葦平の短編小説『どてら婆さん記』（短編集『女侠一代』収録）は、『花と龍』で脇役ながら異彩を放つギンを主役にすえた物語である（『仲仕の女親分』と改題して短編集『女』にも収録）。『花と龍』が昭和27年（1952）から新聞連載されて炭坑界隈の任侠社会が全国的に知られるようになるなか、昭和33（1958）年には清川虹子主演で映画化され、話題を呼んだ。

この作品を含む映画『女侠一代』はソフト化されていないので、現在は名画座などでかかる機会にしか見られない（ここでは昭和33年『映画評論（15）』所収の脚本を参照した）。脇に山田五十鈴や近衛十四郎、森繁久彌らスター俳優をそろえた贅沢な配役に、当時、コメディ色の強かった脇役専門の清川をあえて主役にしたことも注目を集めた。原作に惚れ込んだ清川みずから映画化権を獲得しただけに、熱の入ったギン役は見事にはまっていたそうで、のちに舞台でもたびたび演じた。

『女侠一代』公開時のポスター。

原作との大きな違いは、ギンが、三國連太郎扮する吉田磯吉に恋心を抱くというところだ。ギンは、

「糟糠《そうこう》の夫」がいながら積極的に好きな男を口説くなど、世間的にあべこべの恋愛劇が展開していく。ただ、最終的にはギンがしおらしくなるなど、男性に都合のいい女性像に収束してしまうところは、違和感をぬぐえない。製作者の多数を占める男性の「そうはいってもやはり女だ」といった固定観念が見え隠れする。マンもギンも、映像化されたとたんに記号的な「女らしさ」から抜け出せず、原作の魅力が消えてしまう。

❖男社会でのし上がった横綱級の姐御

原作『どてら婆さん記』によると、ギンのモデルである西村ノブは、幕末の万延元年か文久元年の生まれ。北九州市に建つ墓石の説明版には「明治44年没。享年50歳」とあり、これに従うと文久元（1861）年生まれということになる。

同書によると、ギンは山口県吉敷《よしき》郡の「水のみ百姓のうちでも最下等」の家に生まれ、18歳の秋に貧農の息子と結婚したが、その家で激しい嫁いびりに遭った。やがて、村の資産家である皆木《みなき》與一郎《よいちろう》の妾となり、世間の白い目を浴びながらさらに7年を過ごす。やがて、噂に聞いた鉄道敷設の話に心を奪われたギンは、村の退屈な暮らしを終わらせるため、金ヅルとして與一郎をそそのかして若松へ旅立った。

ギンこと西村ノブが建設に携わった筑豊鉄道の堅牢な橋。
「女性」がつくった橋だと知らない人のほうが多いだろう。

そして、若松に着くと筑豊鉄道会社の課長にうまく渡りをつけて敷設工事の事業に参入、人生が開けていく。仕事の元手は、與一郎の金と自分の体だ。ギンは自らの性的魅力を自覚していて、なんのこだわりもなく男と寝て、仕事にありつく。

当時、鉄道の敷設工事は、輸送利権がからんでいたことから川艜の船頭たちの妨害を受けていた。ギンはこれも自らの才覚でうまく乗りきっていく。與一郎の名義である皆木組を実質、自らの配下として700人を監督しつつ、現場へ出て船頭からの嫌がらせを防いでいくのだ。相手が女だと船頭たちが油断すると考えたギンは、たくみな弁舌と心遣いで、ゆるゆると手なづけていく。船頭時代の磯吉と出会ったのもこの折のことで、ギンは磯吉に親しげに近づき、のちに仲間となる。なかなかの政治力だ。

ギンが参入した鉄道敷設が明治24（1891）年に終了すると、「どてら婆さん」の名声は若松に鳴り響いた。その後も複線化工事や若松築港工事にも人材を送り込み、ギンは女侠として知れわたる。なお、映画では開通式で祝辞を読む県知事役を火野葦平が演じており、方言監修も担当したという。

小説・映画ともに描かれる満州に渡る逸話は、実際に西村ノブが大志を抱いて大陸に渡った話を脚色したのだという。前述した玉井政雄の随筆によると、明治33（1900）年、ノブは城水鐵工所（現しろみず／北九州市）の創業者・城水末吉とともに中国へ渡った。先に末吉が帰国して、ノブはさらに5年ほど現地に残ったようだが、何をしていたのかははっきりしていない。末吉と出会ったのは、官営八幡製鉄所の建設工事現場で、末吉の組と別の組のもめごとを、ギンの子分が仲介したのだった。末吉は、手打ち式が行われた八幡館で、当時200人もの子分を抱えていたギンに会い、のちにギンが一旗揚げようと上海を目指した折には末吉を誘ったそうだ。

なお、若松にみられる任侠気質は、ほかの新興港湾地域の土地でも同じだった。横浜港では保土谷の「半鐘カネさん」なる通り名の人材請負業の女親分がいたという（藤田五郎『公安百年史』公安問題研究協会）。

❖姐御とは「新しい女」だった

先にあげた加藤泰監督の完全版『花と龍』に登場するギンは、任田順好《とうだじゅんこう》（沢淑子《さわよしこ》）の怪演もあって、金五郎（渡哲也）が遠くかすむほどの存在感だ。では、モデルとなった西村ノブの素顔はどうだったのだろう。まずは葦平の『どてら婆さん記』をみてみよう。

ギンが故郷の村を出るまでの描写は、境遇も心境もマンによく似ている。封建的で変わりばえのしない生活に嫌気がさしたギンは、たまたま耳にした鉄道に夢を抱き、「雲を望む漂白と昇天の欲望に燃えはじめ」、村を出て行くことを決意する。このような立志と冒険心にもとづく動機は、明治の感覚ではきわめて男性的なものであり、そうした人物を主人公にしたところに葦平の女性観がうかがえる。

ギンを妾にしていた資産家の皆木與一郎と主客転倒するのは、彼が一緒に故郷を出ると言い出したときだ。ギンの自信はみなぎり、若松に着くと、與一郎の名義で人材請負業・皆木組事務所を設立。皆木組の親分としてぐんぐん成長していくギンに対して、與一郎は濡れ落ち葉のようにべったり張りつき、ギンから捨てられるのを恐れるようになる。ギンが仕事を得るために取引先の男と平気で寝たうえに、それを悪びれずに與一郎に伝えてきても、何も言えない。「あんたみたよな人が出て来ても、邪魔になるばかりじゃけ、家にすっこんで講談本でも読んでいなさい。仕事のことはおれが引きうけた」とギンに言われる始末だ。

ギンにしてみれば、仕事は実力でやれている自信があるから、罪悪感はない。「貞操とか貞淑とかいうような古ぼけた思想はとっくに棄てていた」からだ。**女性の性欲を特別視しないし、女性に処女性や幼さを求めない**ところが、葦平の視点だったのかもしれない。

とはいえ、ギンにも女性ゆえの苦労がなかったわけではない。『どてら婆さん記』でも、女だからというだけでギンをあなどって金を押し借りしようとする者や、酔いに任せて口説く者、力づくで体を求めてくる男が出てくる。ギンは彼らを受け流し、推服してみせ、ときには巧みに操るなどして臨機応変に対処していく。諸国から集まった無頼漢や前科者などをまとめ上げ、敵対する船頭たちを手なずけるうちに、ギンが身につけた術だ。

やがて、男社会でのし上がったギンの一人称は「おれ」になり、言動が男そのものになる。子分たちはギンを「姐御」「親方」と呼んで敬服し、第三者からは「女侠客」「女やくざ」と呼ばれるようになった。過剰な防衛本能と適応力によって、女性が男社会の悪しき慣習に染まってしまうことはあるが、ギンの場合、そういう次元を超越していたのだ。あるいは「男」「女」という境界を軽々と飛び越える何かが、生来備わっていたのかもしれない。

女が仕事をするうえで生じる不平等、それにまつわる男女の非対称性も、葦平は描き込んでいる。前述したが、女性のごんぞうは男性と同じ労働をしていても、賃金は6〜7割。仕事につくのに上役から体の関係を求められるといった構造にまで批判の目を向けていた。

明治24（1891）年、ギンは筑豊鉄道開通式で功績を認められ、表彰される。小説で描かれる祝いの席のギンは、大きな丸髷に赤いネル生地の腰巻をちらつかせながら大杯で酒をあおり、甲高い声で機嫌よく歌う。ふたりの芸者を両脇に抱えて千鳥足で歩けば、「大姐御」と声がかかる。姐御でも親分でもない。横綱級の「大」姐御だ。

男社会にあえて適応しなかった姐御

超男社会で男性が対等につきあう女性は、ギンのようないわゆる「女らしさ（＝若くて美しく、出しゃばらない）」が皆無の人物だけなのだろうか。つまり、男なみに腕力を発揮して働き、男のようにふるまって初めて、敬意をもたれるのだろうか。現実の社会では、ギンと同じ身体能力と才覚があったとしても、若い美人だった場合、とたんに従属的に扱われるケースは少なくない。『どてら婆さん記』のギンがあっぱれな存在なのは、「男なみに働く女の苦しさ」が感じられないからだろう。やりたい仕事があり、行きたい場所があり、それを実現するのには葛藤もともなうが、何ひとつ不当な我慢はしていない。そして何より、自分の姿形を世間の評価にかけない。つまり、男社会に合わせていない。

女を性愛の対象としてしか見ない人が見るギンは、単なる「劣化」した中年女かもしれない。しかし、ひとりの人間としてみれば、自分の人生を自分でやれている魅力的な人だ。「どてら婆さん」は、その人の女性観を試す鏡である。

「男らしさ」「女らしさ」の型が、国家規模で出来上がりつつあった時代に、それを無視したギンこと西村ノブは、「女を捨て」ていたのではない。「女」から解放されていたのだ。

それは『花と龍』の主人公、マンも同じである。ふたりは、結婚や出産といった「ライフイベント」を設定しない。「社会進出」も「家事との両立」も「男女共同参画」も必要ない。求めるものを自らの意志で選び、それを周囲に認めさせた。良妻賢母とか純潔といった世間のものさしに計られることもなく、自分からセクシャルなことにも向かっていった。人々がギン（＝ノブ）を「姐御」と呼ぶとき、そういう新しさ、自由な姿に、ひそかに憧れていたようにも思える。

なお、モデルとなった西村ノブのセクシャリティは、原作および地元に語り継がれてきた話をみると、異性愛からそれていたようにも思える。ノブの性自認もあるいは男性だった可能性もある。物語のなかで、ギンが後半生をささげる幸次という初恋の相手も、もし今、葦平が新たな『どてら婆さん記』を書くとしたら、まったく違う相手になるかもしれない。

歴史に埋もれたトランスジェンダー

任侠映画で知られるようになった「ガテン系」姐さんがもうひとりいる。

勝新太郎主演の人気シリーズ『悪名《あくみょう》』（大映、全16作、昭和36年〜）に唯一、実名で登場する「因島《いんのしま》の女親分」こと麻生イトだ。とくに、1作目『悪名』のクライマックスで、勝演じる朝吉をステッキでメッタ打ちにする激烈な姿は、浪花千栄子《なにわちえこ》の貫禄の演技とともに話題となった。

イトもまた、どてら婆さんと同じく肉体労働の現場で男性たちをたばねた親分だった。自分で道を選びながら生きた点もよく似ているし、性差や立場を越えて幅広い人間関係を築いたところなど、その魅力は普遍的だ。1作目『悪名』をみながらイトの素顔をさぐってみよう。

❖勝新太郎をメッタ打ちにする「女親分」

『悪名』は、勝新太郎が演じる朝吉と、田宮二郎扮する「モートルの貞」のコンビが活躍する任侠映画。大阪出身のやくざ者であるふたりが巻き起こす騒動を、ときにシリアスに、ときにコミカルに描く。

暴れ牛のような朝吉と、弟分の貞の恋模様も見どころのひとつ。例えば、やくざ相手にもひるまない朝吉が、妻・お絹（中村玉緒）には弱く、貞も女房には頭があがらない。朝吉に惹かれる女性たちの個性も描かれ、物語にも深く絡んでいく。

なかでももっとも存在感があるのが、因島の親分・麻生イトだ。朝吉が遊女をかくまった次のような騒動によって、イトとの因縁がうまれる。

大阪・松島遊郭の琴糸《ことい と》（水谷良重）は、客の朝吉に惚れ込み、廓から逃げ出した。情にあつい朝吉は彼女をかくまうが、遊郭を牛耳る松島一家にばれ、琴糸は捕まってしまう。朝吉は琴糸を助けるため彼女が売られた因島へ向かい、救い出すことに成功するが、潮目が悪く、乗り込んだ船が流されて因島へ戻ってしまう。

朝吉、琴糸、貞の3人がやむなくある旅館にたてこもると、島の「シルクハットの親分」（永田靖）が現れ、琴糸を引きわたすよう迫ってきた。居並ぶ子分たちを前に、朝吉があきらめようとしたそのとき、旅館のあるじ——麻生イトが現れる。空気をしんとさせる威厳をまとって現れたイトに、その場の全員が凍りつく。イトこそが、因島の真の親分だったのだ。イトは、自らの旅館に断りなく乗り込んだシルクハットを一喝すると、朝吉に仲裁を買って出る。そして無事、琴糸は解放されたが、朝吉は代償として責め苦を負う。島の浜辺で、イトは朝吉のこめかみに、体に、ステッキを鞭のように振るいつづける。血が流れても表情を変えず、容赦はしない。

❖女学校を出て、放浪して、瀬戸内海のクイーンに

イトにもモデルがいる。実在した麻生イトは明治9（１８７６）年、広島県尾道十四日町で麻生林平衛・ヒデの三女に生まれたとされる。生家は宿屋も営む商家である。

イトは小学校を卒業すると、大阪方面へ養子に出された。やがて、慕っていた養母が家出したので後を追って家を飛び出したが、以降の足取りがはっきりしない。関西で住み込みの女中奉公をした、トンネル工事現場で事務員をした、など諸説ある。いずれにせよ、養家を出て早くから職を転々としたことは確かなようだ。

イトの伝記が収録された『しまなみ人物伝』（村上貢著、海文堂出版）、『女傑一代　生誕百三十年記念　麻生イトの生涯』（同、麻生イト生誕１３０年記念事業記念世話人会）によると、別の土地へ移り住む生活のなかで結婚と離婚を経て、35歳のときに因島に落ち着いたらしい。

新聞数紙にもイトの評伝が掲載されている。とくに詳しいのは、イトの聞き書きをもとにした昭和35（１９６０）年9月30日付の「読売新聞」広島版。イトの死から4年が経ったこの年、映画

の原作小説『悪名』の連載がはじまっている（映画公開は翌36年）。

記事は、近代化の歩みをたどる連載「廃藩置県から九十年の歩み」のひとつで、見出しは「男装の女親分」。記事によると、イトは藍玉問屋の12番目の娘で、10人以上はきょうだいがいたようだ。14歳になると大阪の仲買問屋の養女となり、ミッション系の女学校に通わせてもらったが、養母が家出をすると、後を追って家を出た。その後は、各地を転々としながらさまざまな仕事で食いつなぎ、結婚して娘が生まれ、27歳で離婚。娘とともに尾道の実家にいったん帰ったのち、人を頼って北海道へ渡った。子のために新たな人生をはじめたのだろう。飯場《はんば》の帳簿つけの仕事を経て、今度は横須賀へ向かい、そこで一家を構えて請負業をはじめたという。北海道で肉体労働の現場になじみ、それを自分の仕事に定めたのだ。

因島に落ち着いたのは明治36（1903）年のこと。そこで大阪鉄工所（のちの日立造船因島工場）の工場長・木村鐐之助と意気投合し、ここでも下請け業などをはじめる。ここからが映画に描かれた「女親分」としての歴史だ。40歳を過ぎてのひとりだちだった。

食い詰めた荒くれ者が集まる当時の肉体労働の現場をまとめ上げ、大口の仕事をとってくるというのは、並大抵の人物ではとうてい無理だ。それはイトが「親分肌で面倒見がよかった」からだと説明されることが多いが、アコギなこともしたであろうことは、地元でも語り継がれている。

あるいは、尾道での生育環境も大きいだろう。例えば、離婚後に遠く北海道にまで渡ったのは、尾道が北前船の寄港地だったことが影響したのでは、とイトの関係者は語っている。

天然の良港である尾道は、平安時代には米の積出港として発展、対明貿易や北前船の寄港地にもなり、商都として繁栄してきた。江戸時代には豪商の町として知られ、それが神社仏閣の寄進造営にもつながり、町の豊かさの象徴にもなった。

イトは、幼い頃から港で行き交う船や人、モノを見聞きするなかで、商いで生きる人々の活気に触れ、ほかの土地に思いをはせてきたのだろう。イトが後年、地域貢献に尽くしたのも、江戸時代から地元に受け継がれてきた豪商ならではの行いを思わせる。イトは、多感な時期を商都・尾道、大阪で過ごすなかで、持ち前の度胸や聡明さ、覇気の強さを養い、それを人生に活かす術を身につけていったのだ。

❖起業して数百人の「子分」を抱える

イトが落ち着いた明治後期の因島では、造船がさかんだった。日露戦争後、一時的に落ち込むものの、明治末に大阪鉄工所が創業すると、盛り返していく。第一次大戦期には造船ブームの波に乗り、大阪鉄工場因島工場は全国一位の製造量を誇った。

商機をつかんだイトは、造船の下請け業「麻生組」を立ち上げると作業員を派遣、船の解体業にも着手する。麻生組では、イトの「イ」の字を円形に10個並べ、その中に大きく「鐵《てつ》」という一文字を入れたそろいのハッピを着ていた。女性が起業したということで麻生組は広く知れわたっていく。

麻生組の受注は増えつづけ、従業員は数百人にふくれ上がった。のれん分けした者たちも多く、イトは彼らに「親分」として慕われ、かつ畏れられた。また、因島に宿泊施設がないことに目をつけたイトは「麻生旅館」を開業。これも大繁盛する。『悪名』の旅館のモデルだ。

のちに麻生旅館を訪れた俳人の河東碧梧桐《かわひがしへきごとう》は、イトと会い、話した印象を「男婆さん」（昭和8年『山を水を人を』所収）と題したエッセイにこう書いている。

「髪をジャン切りにして、筒袖《つつそで》に兵児帯《へこおび》。五尺にも足りない小柄ながら、少々四角ばった顔の、イカツイ格好にそぐう目に威力がある。（中略）額に三筋、如何にも深い皺が刻みつけられ、眼尻の小皺、ひきつっているような右頬の縦皺、それが性分をも冷たく、これまでの苦労を偲ばせる」

「どこから見ても立派な男でありながら、これが有名な因島の男婆さんなのだ」

「女史には婿さんがなくて、若い嫁さんがある、というような口さがない世間の陰口はどうでもいい。因島の名物でなくて、広島県イヤ関西随一の名物婆さん、イヤ大きく悟りをひらいた瀬戸内海の人格者」

また、娘時代に因島のうどん屋で働いたことがある林芙美子《はやしふみこ》は、小説「小さい花」（昭和9年『散文家の日記』所収）に、イトをモデルに書いた「おりくさんという男女子《おとこおなご》」を、こう描写した。

「島でも一流の置屋の主人で、女のくせに髪を男のように短く刈り上げ、筒袖の意気な着物に角帯を締めて、その帯には煙草入れなぞをぶらさげ、二三人の若い女を連れては、角力《すもう》取りのようにのっしのっしと歩いている女のひとでした」。

また、「おりくさん」は自身の養女たちに「お父さん」と呼ばせていることも書かれているが、これは事実をもとにした話。イトは近所の子どもたちにも「おじさん」「おじいさん」と呼ばせていたという。

このように、河東碧梧桐、林芙美子の作品が書かれた昭和初期には、イトは県外にも知れわたっており、中央政界にも人脈を広げていた。しかし、イトは仕事をはじめた当初から上記のような完全なる「男装の女親分」だったわけではない。きっかけは、大正6（1917）年に起きた事件にあった。

❖シルクハットの女親分

大正6（1917）年1月16日付「山陽新聞」に、「女侠客斬らる」の見出しで、イトが巻き込まれた事件が報じられた。まず、イトがこう紹介される。

「備後因ノ島土生《はぶ》籠村大字長崎旅館兼料理屋業朝生《あそう》イト（四二）は朝生組親分とし土方人夫或はペンキ職工など常に二三百名も使役し天晴れ女侠客として遠近に知られたる女である」。

イトは1月15日午前4時頃、大阪鉄工所因島工場のペンキ職工、高橋耕造（30）に日本刀で斬りつけられ、重傷を負った。高橋は年末に工場の技師長と口論の末、殴りかかったため解雇されていて、その恨みを、かつて上司だったイトに向けてきたのだ。なお、事件は数紙が報じていて、「中国新聞」の見出しは、「女侠客殺し（未遂）—約束を実行せぬとて—加害者は電気職工」。イトが因島を拠点にしてから約15年、地元では「女侠客」で知られていたことがわかる。

イトは頭部に瀕死のケガを負ったが、高名な医者を数人集め、尾道の生家から当時貴重だった氷を運ばせ、なんとか持ち直した。脳味噌がはみ出すほどだったという深い傷は後年、河東碧梧桐が「前額から後頭部にかけて、一文字に深い刀疵《かたなきず》」と書き残している。なお、イトは高橋が出所すると身元引受人となり、再び雇った。高橋はこれに深く感謝し、心服するようになったという。

河東碧梧桐が書いたイトの「若い嫁さん」とは、宮岡ミツノという女性である。ミツノの姪・三阪照子の次男である三阪達也氏はイトの旧居を引き継ぎ、遺品類を管理されている。三阪氏によると、イトが髪を短く刈ったのはこの事件がきっかけで、それまでは長い髪を後ろでたばねていたという。以降、イトは死ぬまで髪型も衣服も男の姿で通した。

それからの後半生、イトは麻生組の仕事は後身に任せ、教育や福祉、インフラ整備など、地域

紋付袴姿とシルクハットをかぶったイト。居住まいといい着こなしといい、しっくりとなじんだ姿だ。（三阪達也氏提供）

貢献に奔走するようになる。土生幼稚園（現・尾道市立土生幼稚園）を創立し、女子実業補習学校（現・因島高等学校）の設立にも協力、孫娘や養女たちの進学にも心を配った。保護者として学校に出向くときにはシルクハットに紋付袴姿といういでたちで、子どもたちに「おじいさん」と呼ばれると上機嫌だったという話が残っている。なお、イトのこの姿は写真が残っており、麻生イトという人物を知らずに見たら、立派な壮年男性という印象を受ける。『悪名』の「シルクハットの親分」の造形は、おそらくこの姿がモデルだろう。三阪氏もこの写真を見たとき、ピンときたという。

なお、三阪氏は、平成18（２００６）年、イト生誕１３０年記念の折に『悪名』の監督・田中徳三に撮影記録を『山陽新聞』（平成18年2月23日付）に寄稿するよう依頼した。田中は、三阪氏から電話を受けたときに初めて、イトが実在の人物だと知ったのだという。つまり、映画のイトは浪花千栄子をイメージしてつくられたもので、あの恐ろしい親分像がイトの実像というわけではない。とはいえ、大阪弁の演技に定評があった浪花千栄子と、大阪なまりの親分として知られたイト、偶然にも共通点があったわけだ。

事件の3年後、イトは因島の対岸に位置する生名島《いきなじま》へ別荘「三秀園《さんしゅうえん》」を建て、周辺の海岸を埋め立てて道路や公園、背後の山を観音霊場として整備した。三秀園に建つ石碑に銘文を入れたのは、親交があった尾崎行雄（政治家）だ。

イトはミツノと三秀園に移り住み、晩年まで、白装束で観音菩薩を信仰する日々を送った。普段は白い着物に男物の角帯を締め、白髪をオールバックにしたおじ（い）さんの姿だ。碧梧桐が訪ねた60歳前後のイトは、「平凡なお詣り婆さんになっていた」そうで、きわめて信心深く、穏やかな日常を過ごしていたらしい。

昭和31（1956）年、イトはミツノに看取られ、80歳で息をひきとった。その5年後、『悪名』が公開される。

写真好きだったイトが写させたのだろう、ミツノの写真もたくさん残っているが、世代を越えて人を魅惑するような美人である。ほっそりとした柳腰の立ち姿に、髪型、顔形。竹久夢二の描く女性にとてもよく似ているミツノを、イトは「かわいがっていた」(三阪氏談)という。

❖「私でも女の役は一通りした」

「私でも女の役は一通りした」——イトが河東碧梧桐に、「結婚して娘を産み、すぐに離婚して25歳からひとり立ちした」と語ったときに付け加えた言葉である。

イトの人生を客観的に眺めると、経験を活かして事業を興した、じつに主体的な道のりだ。だが、当時の家父長制下の価値観からは大きく外れた生き方でもあり、事業の規模を評価されるいっぽうで、世間からの揶揄などもあったはずだ。肉体労働の現場をたばねる「親分」と呼ばれ、伴侶とした美しい女性に看取られて死んだのだ。河東碧梧桐が「口さがない世間の陰口」と書き残したような好奇の目線は、そのごく一部だったに違いない。イトの人格とは関係のない性差別、職業差別にさらされたことも想像できる。

イトのような人を「気の毒だ」と考える見方は、今でも一般的だ。それは、女性は幸せにして「もらう」存在だという「常識」があるからだろう。腕一本で生き抜いた勇敢さも、私生活のことも、イトがもし男性だったら、ごく普通の成功者として特別視されることはなかっただろう。男性実業家の数ある立志伝に埋もれて、名が残らなかったかもしれない。「女性」だったからこそ名を残せた、稀有な例ともいえる。

しかし、イト自身が女性だと自認していなかったとしたらどうだろう。イトは、ぞんざいだったと伝わる言葉遣いやふるまい、髪型、服装などの性別表現、職業上・家での性役割、いずれも「男性」である。「お父さん（おじいさん）」と呼ばせたことや、ミツノを性愛対象としていたことも大きい。イトは、性別の越境をしていたとみていいだろう。今でいうトランスジェンダーである。

とくに、刃傷事件後は死ぬまで短髪で通し、完全な男装になったことは、この点におけるイトの意志の現れではないだろうか。当時は女性の服装は着物が一般的であり、男装・女装の別は洋服に比べて歴然としていた。また、髪を切り落とすことの意味も今より大きい。いわゆるモダンガールのような「女性のショートヘア」ではなく、「男性の髪型」としての短髪なのだ。これはおそらく、イトなりの性別移行宣言だった。

男装とは、単に「男の強さ」を装うだけでなく、美しくあれという圧力から解放され、自由になることでもあるからだ。

❖ジェンダーロールを超えて自分のままで生きる

イトが生きた当時はトランスジェンダーという言葉も概念もなかったが、では今、どれだけ世間の意識は変わったのだろう。というより、異性愛主義的な価値観が根強く、個性を殺されがちな社会といってもいいのではないだろうか。こうした社会において、イトは「女なのにあんな恰好をして」「〝妾〟を囲った」「男婆さん」であり、褒めるにしても「女だてらに大仕事をした」と男から評価され、すべてにおいて色眼鏡で見られるのである。イトはその世界で勇気を出して一歩を踏み出し、境界を越えたのだ。

だから、新聞で「女侠」とゴシップ的に報じられ、女親分として知られていったことに対しても、じつは誇りを感じていたのかもしれない。三阪氏も地元の人々も、生誕130年記念の折に改めてイトを知り、「こんなスケールの大きい人はいない」と驚いたというが、たしかに戒名に「侠」の字を入れさせた人などそうはいない。ちなみに、あの清水次郎長は「義」「海」、国定忠治は「遊」「花」「楽」といった侠客らしい字が戒名に入っている。

そもそもイトの生きた時代、各地を転々として仕事を身につけ、人脈を広げ、そして大成して身を立てるという生き方はきわめて男性的だ。また、イトは晩年、高名な石工を家に住まわせて自分の石像を作らせている。これも、権力や名声を残したいという男性的な思考だ。

ただ、イトのそうした意志とは逆に、人々はあくまでも「女」としてイトを見てきた。イトは侠客的な「親分」ではなく、そもそも職業上「親方（親分）」であり、ただ自らの経験を活かして生きたに過ぎないのだが、規格外の生き様ゆえに、そして「女」であるがゆえに、好奇の視線にさらされた。

「女」とはいつの時代も、何歳になっても、本人の意志とは関係なく世間に裁かれるものだ。世間からの口さがない声を聞いたイトの葛藤や屈託があったとすれば、後年の信仰生活がそのしるしだったように思う。あるいは、周囲からの揶揄や侮蔑の言葉がイトに罪悪感を背負わせ、後年、公共や福祉、信仰の世界へ向かっていったのかもしれない。


『花と龍』のマンやギン、『悪名』のイトは、「力」が尊重される社会で精いっぱいに生き、映画にも描かれて名を残した。だが、ギンたちとともに汗を流した名もなき女性たちも、成長期の日本を作っているのだという誇りをもっていたはずだ。その時代を描いた後世の作り手たちは、それを汲み取って描こうとしたのだと思う。

かつて炭鉱で力仕事をしていたことを誇っている女性はいるし、力仕事に喜びを感じる女性もいる。逆に、組織に向いていない男性、力仕事ができない男性もいる。ギンやイトのように、並外れて力が強く、政治力とリーダーシップに長け、自分のできることをやり尽くしたいと考えた人たちも、想像以上に多くいたはずだ。

女性が「外で働く」ということは、今でも特別な意味をつけられる。「働く女性」は「家事・育児に専念する主婦」と対立する存在であり、しばしば分断される。本来は家事や育児だけをしていてもうしろめたさや割り切れなさを感じなくてもいいはずだし、「外で働く女性」＝「社会進出」でなくてもいいはずだ。

イトのような例外を認めず、「女」の生き方を一般化しようとする社会は、人を縛りつづけてしまう。性別ではなく、個人に合った生き方を認められる世界のほうが、「男は仕事、女は家庭」よりはるかに幸せなはずだ。

5章

性の越境とシスターフッド

前章では、近代産業社会をささえた姐御たちをとりあげた。あまりに厳しい環境にもまれてタフに生き抜く女性たちの姿は、均質化されきっていない地方が残っていたことや、多様な女性像を誇りにする人がいたことを伝えてくれた。

本章では、火野葦平原作の任侠映画を中心に、「手を取り合った」姐御たちを紹介したい。これまでの姐御たちのようにケタ外れの力がなくても、人生を自力でやりきった姐さんたちをみていこう。九州や瀬戸内海沿岸など西日本を舞台に、近代化の背景で同志を得た、働く姐御たちのシスターフッドである。

近年、とくに女性たちの連帯を感じるのがとなりの韓国だ。若いアクティビストたちがうまれて、呼応するように映画やドラマでも女性が元気だ。仕事や家庭において、不条理に向き合いながら生きる主人公たちの熱い連帯を描いた『サニー　永遠の仲間たち』（2011年、カン・ヒョンチョル監督）は、日本でも根強く支持されている。似たテーマの作品はもちろん世界中にあるが、儒教的家父長制をルーツとする国の女性同士、共感が広がっているのだろう。

本章でも、厳しい環境で生きながら仲間を得て、新たな強さを手にする姐御たちを描いていく。舞台となるのは、日本がアジアに侵出した時代。日本だけでなく、朝鮮や「満州国」の女性たちの動きをたどると、いま私たちが韓国の女性たちの正義に勇気づけられていることに、不思議な歴史のめぐりあわせを感じるだろう。

スター姐御、お竜参上

❖ホンモノの姐さんをモデルにキャラクターをつくる

「姐御」を描いた物語のなかで、人気・知名度ともにトップにあるのが映画『緋牡丹博徒』シリーズの主人公、お竜だろう。戦闘力、啖呵、クールなルックスと三拍子そろったスター姐御である。世界観は違うが、『ワンダーウーマン』や『キャプテン・マーベル』のような派手さと痛快さを兼ね備えた、強い女だ。戦闘シーンが見せ場だが、男性との恋愛描写があるところも、男女問わず人気の秘訣である。

シリーズ6作目『緋牡丹博徒　お竜参上』の公開時のポスター。加藤泰監督作らしく、女性の歴史へのリスペクトにあふれた人気作。

ここでは、「女性を助けるお竜」というテーマに沿って本作をとりあげ、「姐御」誕生譚でもある1作目の『緋牡丹博徒』（監督：山下耕作、昭和43年）、姐御を描くことに長けた加藤泰監督作の6作目『緋牡丹博徒お竜参上』（以下『お竜参上』）から魅力や歴史背景などを探っていきたい。

お竜は、「女は決して出しゃばらない」というやくざ映画の鉄則を破った、流れ者の女博徒である。この大胆な設定と、時代劇に通じる様式美、そして主演・藤純子《ふじじゅんこ》（現・富司純子《ふじすみこ》）の魅力は、今なお幅広い世代に新たなファンを生んでいる。お竜役が大当たりした藤は、高倉健、鶴田浩二に続く東映任侠映画のスターとなった。

『緋牡丹博徒』以前に公開されていた女任侠ものの『女賭博師』（大映）シリーズは、主演の江波《えなみ》杏子《きょうこ》が壺振りの博徒だったが、藤は劇中、難易度の高い手本引き《てほんび》き（札賭博）を披露する。このため、本職のやくざの監修を入れ、博徒役でエキストラにも加えるなどして殺気みなぎる画面となった。こうしたリアリティにこだわったひとりが、藤の実父で、東映で数多くのヒット作を手がけたプロデューサー、俊藤浩滋《しゅんどうこうじ》である。

俊藤は、神戸港の荷役などを手がけていた五島《ごしま》組の賭場に出入りするうちにやくざ社会に人脈ができ、その世界をよく知っていた。任侠映画といえば着流し姿の主人公でおなじみだが、俊藤が戦時中に出入りした賭場ではほとんどの人が着物姿で、洋服を着ている人は珍しかったという（俊藤浩滋・山根貞男著『任侠映画伝』講談社）。ほかには、子母澤寛、長谷川伸の股旅ものも参考にしたそうだ。

また、俳優で元安藤組組長の安藤昇が俊藤ら制作側に紹介した姐御も、お竜の造形に一役買った。例えば、安藤の知人で根岸に住んでいた博奕好きの「おしまさん」。おしまさんは神田を拠点にしたある親分の愛人だったが、死後に跡目を継いだという（『東映任侠映画傑作ＤＶＤコレクション　緋牡丹博徒』マガジンより）。かつては女義太夫のスターだったというから、美貌の姐さんだったのだろう。

ほかにも、お竜には原型となるキャラクターがいる。若い頃の吉田磯吉を描いた映画『日本大侠客』（マキノ雅弘監督、昭和41年）に登場する芸者のお竜（藤純子）だ。1作目『緋牡丹博徒』（昭和43年）の脚本・鈴木則文《すずきのりぶみ》がこの芸者・お竜を参考にして、鉄火場（賭場）から「火の女」という言葉をイメージし、出身地を「火の国」熊本の五木《いつき》に設定。時代劇にはもともと『緋ぼたん浪人』『緋ぼたん肌』など、威勢のいい主人公が活躍する緋牡丹ものがあったので、当時の製作責任者・岡田茂（のち東映社長）が「緋牡丹お竜」と名づけた。

❖「私は今日から男になっとよ」

1作目の『緋牡丹博徒』は、やくざの娘ながらカタギとして育てられた矢野竜子《やのりゅうこ》が、「緋牡丹のお竜」になるまでの物語。何者かに殺された父の仇を討つため、父の組を継ぐと決心するところから話がはじまる。父の死によって縁談も破棄されてなお決意が固いお竜に対して、組の者たちは「お竜ちゃんがいくらしっかり者でも、しょせん女だけんのう」と、とりあわない。女博徒誕生譚なので、こうした女性蔑視との闘いがテーマとなる。

父の四十九日も過ぎると、矢野組の男たちは義理堅い子分、河豚新《ふぐしん》（山本麟一）を残して姿を消してしまった。父を殺した相手を見つけるために旅立つお竜は、牡丹の花に埋もれて息絶えた父の姿を思い浮かべ、「おとっつぁん、私は今日から男になっとよ」と決意する。

「緋牡丹博徒」は、「並外れて強く、美しい女やくざ」というファンタジックな主人公が活躍するシリーズ作だ。だが、誕生譚である1作目では、当時の観客はここまで見てもまだお竜の意志の強さに疑いの目を向けていたはずだ。その気持ちを代弁するように、まず高倉健扮する片桐がお竜を否定する。片桐は、「死んだ親の願いに背くことだ」と、仇討ちをやめるよう説得。それでもお竜が意地を張るようにして反発すると、まじまじと見つめながら「おめえさん、女だぜ」と告げるのだ。温室育ちのお竜は、初めて「女」を意識させられて、素直にうろたえてしまう。

それでもお竜は旅を続け、5年後、全国の賭場を渡り歩くいっぱしの渡世人になる。賭場でのお竜は、片方の肩に太い縞柄の男の着物を粋にかけており、可憐な花柄の着物を着ていた娘時代との落差があまりにも大きい。この賭場での着こなしは「男装」ではなく、お竜が本物の博徒であることを示す、いわば「女侠」のトレードマークである。

絣柄の着物に黒の半襟と博多帯を合わせた男の着こなし。結い上げた髪に差し色の赤が、心憎いほどに粋！『緋牡丹博徒　お命戴きます』（東映、1971年）より。

お竜の着物の着こなしはシリーズのひとつの見どころで、物語の要所で柄や帯、小物類に男物を使い、「女」の消滅をほのめかしている。小太刀《こだち》の免状を持つお竜が、仕込みにした横笛を帯の後ろにさしているのも、「外見は女性だが男として生きている」という決意表明だ。ちなみに、『ワンダーウーマン』でも、ドレスで着飾った主人公が背中に刀を隠し持ち斬り込んでいくシーンがある。世界共通の痛快な演出のようで、興味深い。

やがてお竜は岩国の女親分、堂万一家のおたか（清川虹子）と出会い、豪快なおたかのひと声によって賭場でのもめごとを解決できた。おたかは、お竜を撃つふりをして庭の牡丹を撃ち、それを手打ちのしるしとするなど、剛毅だが粋な人情家。彼女もまた、男の着物をまとい、あたりを払うような貫禄で女性性を消している。また同じ頃、お竜は松山・道後の熊虎親分

（若山富三郎）と「義兄弟」の盃を交わす。

お竜の父を殺したのは、片桐の弟分だった千成組の加倉井（大木実）だった。自分が殺した男の娘とは知らずにお竜に出会った加倉井は、お竜が渡世人だと知って驚きつつも、徳利を突き出して酌を強制する。飲み会で女子社員にお酌をさせる管理職のおやじのように、「当然」といった面持ちである。若く美しい女だというだけで侮っているのだ。するとお竜は、「お酌って…こぎゃんすっとですか?」と、あえてしおらしい声を出しながら酒を加倉井の頭にかけ、侮蔑する。

加倉井が父の仇だと知ったお竜は、千成組へ乗り込んでいき、目的を果たす。だが、加勢した片桐が瀕死の怪我を負い、お竜が見守るなか、牡丹の花のなかで生気を失っていく。片桐を抱き寄せ、頰をすり寄せて泣きじゃくるそのときだけ、お竜は以前の可憐な娘に戻っていた。数年間、張りつめていたお竜の気がようやくほぐれたのだ。

映画のラストでは、お竜が正面を見すえながら矢野組二代目を襲名する口上を述べ、女渡世人の誕生が高らかに告げられる。

❖「女を救う女」を描いた意味

シリーズ6作目『お竜参上』を手がけた加藤泰は、これまで述べてきたように、時代劇や任侠映

仕込み刀と緋牡丹の刺青はお竜のトレードマーク。いずれも、女性性と男性性をあわせもつ小道具であり、「男として生きる女」を象徴している。『緋牡丹博徒』（東映、1968年）より。

画でも女性を添え物にせず、個性を尊重して描く監督である。女性が歩んできた歴史への目配せもある。

1作目『緋牡丹博徒』で女博徒になったお竜は2作目以降、他人の不幸を引き受けながら、悪（多くは新興やくざ）と戦っていく。それぞれ、クライマックスでは相手役と思いを通わせ合うなど「女としての」自分と向き合う演出があるが、その部分は決して晴れやかには完結しない。お竜は女を捨てたという設定なので、善悪や男女といった二元論では片づけられない葛藤の表現で終わっていく。

6作目『お竜参上』でも、やくざが絡む葛藤劇と悲恋物語が描かれる。物語をひもとく鍵は、「女であるがゆえの苦しみ」。興業界で心身ともに踏みにじられる女優や、体の障害や貧困からスリ、遊女になってしまう娘たちのため、お竜はシリーズ屈指ともいえる壮絶な闘いを演じる。それは単に、「強きをくじき、弱きを助く」といった歌舞伎的な女侠客のふるまいではない。女たちの絶望を次々に引き受けるようにして闘う姿は、重く、悲壮感にあふれている。

物語の舞台は、興業のメッカである明治末期の浅草の六区。本作のテーマを暗示するような「娼妓自由廃業」というのぼりを掲げた集団、『女国定』の芝居の看板などが町に映し出されている。かつて助けた盲目のお君《きみ》（山岸映子）を探して旅をするお竜は、一匹狼の渡世人・青山（菅原文太）と知り合い、彼から得た情報をもとに浅草にたどりつき、お君と再会を果した。

お竜は、青山に紹介された興行主の鉄砲久(嵐寛寿郎)の一家に身を寄せる。六区で手広く興行を展開する鉄砲久は、芝居と客を愛する義理堅い男だ。快くお竜を客人に迎え入れたうえ、浅草に来た事情を聞くやいなや、お君を世話したいと養女にした。

その後、鉄砲久の縄張りを狙う敵一家との争いが絡み、お竜も巻き込まれていく。お竜は、自分が捨てた「女の幸せ」のため、お君を守り抜こうとするが、その過程でお君の恋人は無残に殺され、廓に売られた青山の妹も殺されてしまう。

加藤によると、姉妹作である『花札勝負』(3作目)と『お竜参上』(6作目)は、『沓掛時次郎 遊侠一匹』のような長谷川伸の股旅ものをイメージしたという。多くのやくざ映画が武士的な立身出世の価値観で成り立っているのに対し、長谷川の股旅ものは「女の世界」も描くことで独自の世界観を確立したことはすでに述べた。加藤による『花札勝負』『お竜参上』はそこに共鳴して、女性による弱者(女性)救済をテーマにしたのだろう。

弱い者、とくに女性のために闘うお竜の尊さは、『お竜参上』でひとつのピークに達する。お竜が、女性たちの切実な願いを叶えるために命を張る姿は、長谷川が描く主人公たちが、「男らしさ」をかなぐり捨てて人情を守ろうとした革新的な姿と重なる。

女性が女性を救済するという、時代ものにおいても任侠ものにおいても前代未聞のテーマは、ある種の「女性解放」でもあったのだ。なぜなら、それまでの物語では女とは男に守られて生きる存在であり、お竜が救ったような女たちはただ搾取されて終わったからだ。女性を男性とならべて対等に登場させることは、人間の可能性や、自然な感情を描くことにつながる——これは、同ジャンルの物語づくりにおいて大きな発見だったのではないだろうか。

日本の女性史を背負う姐御

『緋牡丹博徒』シリーズで繰り返し強調されるのが、お竜が「女を捨てた」「女としての幸せを捨てた」といったフレーズだ。異例のキャラクターゆえ、設定上の説明としてこのわかりやすいフレーズをセリフで際立たせたものだ。だが、それだけではない。演出の細部を読みといていくと、このセリフの背景にある女性たちの葛藤の歴史や、普遍的な問題提起が浮かび上がってくるのだ。

❖小物で見せる性の越境

戦後、革新的なキャラクターとして現れたお竜。その人物造形は、小道具や舞台設定など細かい要素にも深い意味がこめられている。まず、力と男性性の象徴である武器（刀・ピストル）。お竜はこれらを使いこなすことで、従順な言動も性愛のイメージも捨てて男を倒せる姐御となった。

馬車を乗りこなしているところも見逃せない。時代劇から任侠映画に変わり、乗り物は船や馬から馬車に変わるが、これを乗りこなす女性には深い意味があった。

明治以降、**馬や自転車に乗る女性はバッシングされてきた歴史がある。**自転車が輸入された明治初期には、上流階級の女学生や芸者などが乗る印象が強く、やがて、彼女たちに性的に堕落しているという印象操作が新聞を通して行われていった。今では信じがたいことだが、戦前までは、性規範と優生学の観点から、女性は自転車に乗るべきではないと考えられていたのだ。戦時中を舞台にした映画『二十四の瞳』でも、高峰秀子扮する教師が自転車に乗る姿を島民たちに「ハイカラ」とからかわれる描写がある。

近代以前（とくに江戸期）の日本では、駕籠に罪人用、大名用などがあり、騎馬は家格の高い武士にのみ許されるなど、乗り物も職業身分と結びついていた。

女性の乗り物として珍しい物のひとつが馬で、またいで乗る姿が特別視されたようだ。性を連想させるその姿を嫌い、大正10年頃までは、欧米にならって横坐りして乗ったという。女性がまたいで馬を乗り回そうものなら、自転車と同じく、新聞などで格好のネタとなる。新聞小説や論説などで広まった「自転車美人」「乗馬美人」も、好奇と蔑視のトーンで書かれていた。

馬に鞭を打ち、立ちながら馬車を操る姿は、着物とのミスマッチもあって話題となった。『緋牡丹博徒　花札勝負』（東映、1969年）より。

だから、明治・大正の世に馬車を使いこなす姿が好意的に描かれるお竜は、女性が囲い込まれたモラルから解放された存在といえる。男性性の象徴である銃と刀と馬をものにしたお竜は、この意味でも異形の存在だった。

着物の着こなし、とりわけ男性の帯の締め方を取り入れたのも、同じく本シリーズらしい粋な演出だろう。例えば、お竜が男の世界で生きる意志をあらわす「後見結び」。後見結びとは、歌舞伎で舞台の後見人を務める女性の締め方で、男装することで歌舞伎の舞台にあがれることを意味する。なお、『女渡世人』（藤純子主演）シリーズでは、縦にふたつに分れた「割ばさみ」という武士の締め方が見られる。

そもそも**帯には古くから、さまざまな性規範の意味がこめられてきた。**江戸時代、女子は7歳になると「帯解き」という儀式で、大人の社会への第一歩

着物好きの女性の間では、「後見結びといえばお竜さん」というくらい、今や粋な着こなしのお手本になっている。『緋牡丹博徒　花札勝負』（東映、1969年）より。

を踏み出す。かつては年齢や結婚などで髪型を変えたように、帯の変化も女性の成長のしるしだった。

また、結婚する際に帯の長さに添いとげる決意を託したり、結び方に夫婦和合や子孫繁栄の意味をもたせたりといった風習も、かつては各地で見られた。その多くが女性と出産との関係を象徴したものだ。お竜が、お太鼓結びのようにふっくらとした結び方を選ばないのも、そうした意味があるのだろう。

以上のような演出があるからこそ、ふいにもれるお竜の美しさの効果が高まる。例えば、仕込みにした横笛の袋の紐を口で解くしぐさ。いかさま博奕を見破り、離れた場所にいる相手を仕留めるのに玉かんざしを投げるのも、髪がほどけて乱れることを予感させる。

❖「あなたの体と心はあなたのもの」というエール

前述した6作目の『お竜参上』で、「好きな男と添いとげ、平凡な幸せを手に入れること」が、自分が捨てた女としての願望だとお竜が話すシーンがある。うがった見方をすれば、この言葉は、制作陣のほとんどを占めた男性の願望であり、世の男性が藤純子に抱いていた夢想ともいえる。

いっぽう、シリーズ発案者の鈴木則文《すずきのりぶみ》が演出した2作目『一宿一飯《いっしゅくいっぱん》』には、現代の人が見てもはっとするような普遍的な性の思想も描かれている。

対立する組の親分から性暴力に遭い、二度と恋人に会えないと嘆く娘マチ（城野ゆき）が、「私は汚れてしまった」と泣き、自死を決意する。するとお竜は片肌を脱いでマチに緋牡丹の刺青を見せ、こう語る。

「女だてらに、こぎゃんもんば背負って生きとっとよ。だけん、あたしにゃマチさんの気持ち、ようわかりますばい。女と生まれて人を本当に好きんなったとき、一番苦しむのは、こん汚してしもうた肌ですけんね。消えんとよ、もう一生。だけん、体じゃなかつよ。人を好きんなるのは心。肌に墨はうてても、心にゃあだあれも墨をうつこつはでけんとです」

マチが、処女ではなくなったうえに性暴力を受けた自分を「汚い」と感じるのは、男社会が強いてきた価値観に染められているからだ。マチのような被害を受けたとき、女性は自分のことを「汚された価値が低い存在」だと思いこみ、そのトラウマを背負わされる。

男として生きることで女の自分を誰より意識してきたお竜には、そのことがよくわかる。だから、虚勢（男）と汚れ（女）の象徴としての刺青を見せ、ひとつの真理を訴えたのだ。**「貞淑」も「淫乱」も、男性がつくり上げた妄想にすぎない。**妄想によって練り上げられた神話を、女性は背負わされてきた。

お竜の意志として語られる「私の体は私のもの」「私の心も私のもの」というそのメッセージは、じつは世界中の女性が長い間、切実に願ってきた普遍的な思想でもある。「娘」を性的に消費し、女を「貞淑な妻」か「淫乱な娼婦」に分けてきた社会へお竜が突き立てた脇差が、時空を超えて刺さってくるようだ。

お竜の歩む道は、「女」が世間でたどらざるを得ない道をときに暗示する。まわりの男の都合で不幸になったり、女であるがゆえに不当な扱いを受けたりということは、どの時代のどの社会にもあるからだ。

お竜の場合、「女としてかたわだ」「しょせんは女」「家で針仕事でもしていたほうが」といった言葉を、ときに好きな男からも投げつけられる。男からの欲望を徹底的に断つこと、男が恐れる性の越境をこなすこと、人情を踏みにじられる女性たちを救うことで、お竜はその言葉のつぶてを、袈裟懸けに斬っていった。

その姿が今、普遍的な意味をもって響いてくるのは、私たちが姐御に求めるものに「救い」も加わっているからなのかもしれない。お竜と同じように、多くの女性たちが、誰かを助けたい、同じ痛みを分かち合いたいと願っているからだ。マチとお竜のやりとりは、『緋牡丹博徒』版 #me too である。

「肥後猛婦《ひごもうふ》」と呼ばれた熊本の女たち

『緋牡丹博徒』のお竜は、「火の国」のイメージから熊本・五木出身。熱く猛々しく、怒れる女博徒をつくり上げるために製作側がつくり上げた設定だが、物語の舞台である明治以降の熊本では、実際に「肥後猛婦」と呼ばれた女性たちがいた。「肥後猛婦」の名づけ親は、評論家の大宅壮一《おおやそういち》。「男性至上社会に挑戦するために行動した女性たち」との意味だ。戦後にうまれたこの言葉は今、女性たちにとって複雑な意味をもたらしている。

❖明治女、DV夫を見限る

大宅が肥後猛婦の筆頭にあげたのが、明治・大正期に教育者として活躍した矢嶋楫子《やじまかじこ》という女性である。

楫子が生まれた矢嶋家は、熊本藩で惣庄《そうしょう》屋など村の要職を歴任した名家だった。惣庄屋とは、配下の庄屋を統括しつつ官民の橋渡しをする役目にあり、租税や土木、刑罰、法務、教育など幅広く行政に目を配らなければならない。だから、相当な教養と見識が求められた。

忙しい夫に代わり、娘たちを教育した楫子の母・鶴子もきわめて聡明な人で、自筆の古今和歌集や百人一首で娘たちに読み書き・教養をほどこした。

「肥後猛婦」と呼ばれ、男性至上社会に闘いを挑んだ矢嶋楫子。

鶴子が育てた娘たちは、横井小楠《よこいしょうなん》およびその弟子たちと結婚している。小楠は、勝海舟や坂本龍馬、松平春嶽《まつだいらしゅんがく》らに多大な影響を与え、維新の見取り図を描いた幕末きっての知識人。八嶋家三女の順子は小楠門下の竹崎律次郎と結婚し、64歳で熊本女学校の校長となった。四女・久子は小楠の高弟・徳富一敬の、五女のつせ子は小楠の妻となり、一番下の七女・さだ子は、小楠門下の河瀬典次と結婚。なお、順子、楫子、久子、つせ子の四人は女子教育や女子の地位向上に尽力したことから、地元では四賢婦人とも呼ばれる。

そして六女の楫子は、25歳のとき、小楠の弟子・林七郎と結婚した。結婚を世話した兄が、初婚にしては年を重ねていると楫子を心配し、再婚者だが富豪の七郎をすすめたのだという。

七郎は文武に長け、評判も悪くない武士だったが、楫子に対して日常的に暴力を振るい、酒を飲むとさらに悪化した。楫子はこれに耐えつつ七郎との子どもたちを育てたが、10年後、末子を抱えてついに林家を飛び出す。長年の肉体的・精神的暴力から衰弱して半盲状態におちいっており、身の危険を案じたのだ。すぐに迎えに来た使いの者に、楫子は髪を切り落として渡し、訣別のしるしとした。

しばらくは姉たちを頼って転々としたのち、兄の看病のために単身、上京。長崎から東京へ向かう船のなかで、「かつ」という名を捨て、船の楫から「楫子」と自ら改名した。次の人生に身ひとつでこぎ出す意志をこめたのだ。ちょうど明治の世が明け、楫子は36歳になっていた。

東京に着くと、築地の教員伝習所で学び、明治6（1873）年、小学校の教員に採用される。アメリカ人伝道師のマリア・ツルーに、熱心さを買われたのだった。楫子は、採用されたミッション系の新栄女学校（現在の女子学院中学校・高等学校）でのちに初代院長となる。

女子教育とともに楫子が力を入れるようになったのは、自ら設立した東京婦人矯風会での活動である。自分が夫から暴力を受けた経験から、キリスト教の禁酒運動に共鳴した楫子は、禁酒運動とともに一夫一妻制の確立や廃娼運動など、女性を救うための運動を展開していく。明治23（1890）年には、白装束に短刀を懐中に入れたいでたちで一夫一妻制を国会に請願した。さらに、海外の有志とも手を取り合い、ワシントン軍縮会議にも出席して東洋の女性の平和を訴えた。3度目に渡米したときは89歳になっていた。

女性にとっての明治維新を言いあらわした「夜が明けてからの昏《くら》さ」という言葉がある（島本久恵『明治の女性たち』）。人口の半分を占めながら、「富国強兵」「青雲の志」といった雄々しいイメージに覆い隠されてきた女性たちの歴史を見事に表現したフレーズだ。楫子は、この言葉通りの現実を自らの意思で打破し、日のあたる場所へ歩んでいった女性だった。

❖「女の恋愛」を断罪した著名ジャーナリスト

大宅壮一は、「肥後の猛婦」の特徴を次のように説明した。

「明治以後、婦人の自覚、独立、地位向上のために勇敢に戦った婦人闘士の多くは熊本出身である。（中略）久しく男性中心の日本社会に根を下ろしている悪徳と悪習に挑戦するために、婦人大衆の決起をうながし、その陣頭指揮を行ってきたところの女性将軍たち。いわば『猛婦』ともいうべき存在である」「かつての孝女、烈女、賢夫人型、つまりは猛婦」（「日本新おんな系図」昭和34年

『婦人公論』2月号所収）

戦後の知識人である大宅が抱いた尊敬の念に加えて、女性の人権意識が鋭くなった戦後の空気も、「猛婦」という言葉を生んだのだろう。だが、楫子の同時代の人から見れば、楫子は子をおいて家を出た反逆者であり、不届きな女たち、という評価もあったはずだ。

横井小楠は幕末の熊本においては進歩的だったが、その視野には今でいう人権意識はもちろんない。小楠と結婚した矢嶋家のつせ子は、家格の違いから正妻とされなかったし、猪一郎（のちの徳富《とくとみ》蘇峰《そほう》）を生む前、女児ばかりを出産したので離縁されそうになった。男女ともに女大学的な価値観を常識として生きていた。

楫子の第二の人生におけるターニングポイントは、夫以外にもあった。家を出て兄のもとに身を寄せていた頃、通いの書生と恋に落ち、子を身ごもったのだ。相手には妻子がいたので、楫子は生まれた女児との親子関係を伏せて養子として育て、女子学院を卒業させた。

やがて、この女児の存在を知った甥の若き徳富蘇峰が、家出したことも含めて懺悔するよう、楫子に迫る。ジャーナリストである蘇峰は、楫子が死ぬと、この秘密の恋を世間にさらして断罪した。

だが楫子は生前、この唯一の恋を罪だとして苦しみ抜き、すでに神に告解していた。考え抜いたすえに、胸の中に抱き留めた問題だったのだ。にもかかわらず、蘇峰が責めつづけたその根拠は、東洋的倫理観にもとづく「身内の恥」という意識である。「貞操を破った悪妻」という価値観によって裁いたのだ。**平民主義で知られる蘇峰だが、女性に厳しい文系マッチョな本質**がみえる。

いっぽう、楫子の姉が結婚した竹崎律次郎の生家・木下家は、墓が夫婦合葬で、生没年だけでなく妻の出自や行いも細かく刻まれるなど、女性の扱いという面では異色だった。高名な儒学者を輩出してきた木下家では、女性を尊重する独自の家風だった。木下家から猛婦型の女性が出ていないのは、そのせいではないか、とみる向きもあるという（くまもとの女性史研究会編『くまもとの女性史』熊本日日新聞情報文化センター）。

❖「世間並み、この言葉、呪われてあれ」

楫子をはじめとする矢嶋家の姉妹たちには「学びたい」「育てたい」「助けたい」「不当な結婚から逃げ出したい」といった願いがあり、強くならざるを得なかった。そのための言動が、猛婦という「評価」になった。

しかし、楫子の人生には猛婦という言葉がもつ攻撃的な含みは感じとれない。家という牢屋から逃げ、学び、好きな人々を愛し、そして女性たちを守ろうと尽くした後半生からはむしろ、にじみ出るような切実さだけが感じとれる。

熱くて不器用、頑固で一本気な熊本の気質をあらわした「肥後もっこす」は、女性にもあてはまるといわれる。だが地元では、「猛婦」という言葉には過剰な反応を見せる女性も少なくなかったそうだ。前時代的な響きが、「猛婦ぶりを評価しつつも揶揄したい」という意図をかぎとってしまうかららしい。それは、この国の「姐御（強そうな女性）」に対する反応にも似ているのかもしれない。「称えたいが、裁きたい」という欲望である。だが最近では、男性ばかりの議会に新風を吹き込む女性も現れるなど、女性たちによる別の言葉、価値観がうまれる兆しもある。

明治前期の熊本ではほかにも、「学びたい」と書き置きを残して結婚式の日に出奔、ドイツで女性初の医学博士となった宇良田唯《うらたただ》、「結婚制度の撤廃を要求する」との詩を夫に突きつけ、女性史家の先駆者となった高群逸枝《たかむれいつえ》など、多くの「肥後猛婦」を輩出している。

「世間並み、この言葉、呪われてあれ」

逸枝が残したこの言葉のように、世の常識よりも自分の意志を大事にしたのが、彼女たちの共通点だ。そんな熊本で、女性を救うために戦ったお竜が生まれたのは、偶然ではなかったのかもしれない。やはり姐御とは「新しい女」なのである。

近代ムラ社会と母娘の「絆」

『緋牡丹博徒』シリーズの人気を受けて、藤純子の主演シリーズ映画『日本女侠伝』（全5作）、『女渡世人《おんなとせいにん》』（全2作）が新たに製作された。この後続シリーズでは、お竜のように男として生きる主人公ではなく、女性として生きる女侠を演じた。この設定により、『緋牡丹博徒』以上に、女性の苦しみが、えぐるように描かれていく。

ここでは、2作目の『女渡世人　おたの申します』（監督：山下耕作、昭和46年）をとりあげ、一般的には「嫁と姑」という対立のあるイメージの「義母と娘」の関係性をひもとく。姐御である嫁と、姑は連帯しうるのだろうか？

❖女による女叩きがある社会を描く『女渡世人　おたの申します』

『女渡世人』（小沢茂弘監督、昭和46年）で藤が演じた太田まさ子は、母親を失った傷を抱えるアウトローであり、その喪失を埋めるようにして旅を続ける。

お竜には、多くの観客が痛快さを感じ、作品にもある種の爽快感があったのに対し、『女渡世人』

『女渡世人　おたの申します』
DVD（東映）

シリーズは暗く、湿っぽい。それは、主人公・まさ子が「女だてらにやくざ」であることで徹底的に「世間の常識」という制裁を受けるからで、ムラ社会的な重苦しさがつきまとう。任侠映画ならではの口当たりのいい人情も排し、女やくざが社会で受ける仕打ちを、残酷なまでにリアルな視点で描いているのだ。

物語は、賭場でのトラブルからはじまる。賭場で手本引きの胴を務めたまさ子は、そこで騒動を起こして刺された良吉（林彰太郎）から遺言を託される。良吉の実家である岡山の船宿「浜幸」へ行き、両親に今までの放蕩を詫びてほしいというものだった。母・おしの（三益愛子）には「今年も金毘羅《こんぴら》参りに行けなくて、すまん」と謝ってほしい——そう言うと良吉は息を引きとる。

「浜幸」を訪ねたまさ子を待ち受けるのは、おしのとの出会いと、土地の者たちからの意外な反応だった。

「浜幸」でまさ子を迎えたおしのは盲目だった。訪ねてきたまさ子の謙虚な言葉遣いなどから、彼女を息子の結婚相手だと思いこんでいるらしい。まさ子は否定する機会を失い、おしのと一緒に金毘羅参りへ行くことになってしまう。

「浜幸」の裏長屋で暮らす漁師の妻たちも、若く美しいまさ子をまさか渡世人とは思わず、大阪の芸妓か何かだと決めつける。まさ子は、笑顔のおしのの夢を壊したくないと胸を痛めつつ、長屋の女たちの反応に困惑し、自分がみじめになるのだった。

長屋の女たち＝世間からの視線は、まさ子が「浜幸」と土地のやくざ「滝島組」とのトラブルに巻き込まれたことで、より露骨になっていく。例えば、まさ子は滝島組の子分たちに荒らされた長屋の住民たちを助けるが、これっぽっちも感謝されない。むしろ、まさ子が流れ者のやくざだと知った人々の間に、警戒と侮蔑の空気が張りつめる。さらに、滝島組の放火によって炎の海となった長屋からまさ子が赤ん坊を助け出しても、女たちは「放せ」と奪うようにして赤ん坊を受け取る。まさ子は、こうした人々の行いを、おとなしく受け入れるしかない。

見た目でまさ子を芸者と値踏みして愛想よく接していた同じ口が、見下してよい相手だとわかると、ののしりはじめる。その切り替えも同調ぶりも、じつに明快だ。「村――家」単位で結びつく共同体にとって、外の世界から来る者はアウトローとはいえ、人々の冷徹さの描写は、目を覆いたくなるほどだ。

❖「家の女」に救いはあるか

育った環境や出自、職業身分などを詮索されたり、ましてやそれだけで判断されたりすることは、自分ではどうすることもできない。それは、自尊心を無造作に削りとられ、生きる力が奪われるようなことだ。しかも、自分ひとりで立ち向かわなければならないとしたらどうだろう。自分を認めてくれる人が1人でもいれば――。まさ子にとっては、それが追い求めている母親であり、おしのだった。

傷つき、別の土地へと去ろうとするまさ子をおしのは呼び止め、意外なことを告げる。まさ子が良吉のお嫁さんではないことも、まさ子がやくざで、息子の死に関わっていることもすべて知っていたというのだ。おしのは、憎しみから修羅に落ちないために知らないふりをして、息子の嫁だと信じこもうとしていた。だが、演じているうちに不思議とまさ子を本当の娘みたいに感じるようになった――そうおしのは打ち明ける。

結局、浜幸と滝島組の騒動で、渡世人としてふるまったまさ子は、刑務所へ送られる。護送される途中、長屋の女たちのまなざしが突き刺さり、力尽きていくまさ子に、ようやくおしのが「まさ子！」と呼びかける。

それを聞いたまさ子は思わず走り寄り、巡査に押さえられながら声の限りに「おっかさん！」と呼ぶ。遠ざかっても、「おっかさん」とつぶやいてみる。それは、いつもひそかに憧れてきた女性に対する、初めての呼びかけだった。母に捨てられたことで負い目を感じてきた彼女が、初めて生きていていいのだと感じた瞬間だった。

いっぽう、息子も将来の娘も失ったおしのも、まさ子に偽りのない愛情を抱くようになっていた。嘘からはじめた母娘関係が、真実の結び目を見つけたときには、もうほどけてしまう。まさ子とおしののドラマは、「家族」の本質まで描いているようだ。

劇中、まさ子がおしのを「お家《いえ》さん」と呼ぶシーンがある。商家のおかみさんに対する西日本の古い呼称だ。瀬戸内海や対馬では古くから母系制に近い風習があり、母の世界の知恵が尊ばれるなどの向きがあったという（宮本常一『女の民俗誌』岩波書店）。

皮肉なことに、まさ子とおしのが温かな仲になれるのも、嘘ではじまった「家」の内でのことだ。長屋の女たちとは逆に、正体をわかっていたからこそ、ふたりは相手の心の中に入っていくことができた。

おしのは、まさ子の素性を知りつつも、心映えに触れることで、まさ子の「事情」ではなく「人格」を愛しいと思うようになったのだ。ただそのままのまさ子を受け入れたのである。「事情」とは、渡世人というしがらみであり、世間に対する肩書きに過ぎない。

まさ子が切望した「母と娘」のつながり、社会から押しつけられる「若く美しい娘」としての役割。このふたつの宿命を突きつけてくる『女渡世人　おたの申します』は、きわめて重く、かつ普遍的な力をもつ作品である。映画の独特の暗さと湿っぽさは、女であるがゆえにまさ子が受けつづける、強烈な圧力の正体そのものなのだ。

見た目で価値を判断され、道から外れると石を投げられ、自分を愛せない。

女が受ける抑圧をひとりで背負うまさ子は、主人公なのにカタルシスと開放感を簡単には与えてくれない。だからこそ、家のなかの擬似関係で結ばれた母娘が、人間本来の感情のやりとりをする姿は、ささやかな救いとなって響いてくる。

「馬賊」「侠客」と呼ばれた姐御芸者

『緋牡丹博徒』でスターとなった藤純子の後続作品『日本女侠伝』（全5作）は、男社会のなかで生きる「女侠」を描いたシリーズ映画である。ここでは1作目『日本女侠伝　侠客芸者』（監督：山下耕作、昭和44年）をとりあげる。

鉄火肌で人情にあつい女性たちが手を取り合いながら生きていくというストーリーは、とても新鮮な視点だ。同時期の海外の映画（時代劇と相互に影響し合った西部劇など）にもなかった視点である。ちなみに2015年になり、アカデミー賞最多の6部門を受賞した『マッドマックス　怒りのデス・ロード』には、男女の主人公コンビと、囚われた女性たちを助ける「鉄馬の女たち」が登場する。

『日本女侠伝　侠客芸者』で登場する「馬賊芸者」たちは、先進的な女性観をもった作家・火野葦平の同名の小説『馬賊芸者』を参考にしたもの。まずは、この耳慣れない「馬賊芸者」の素顔をのぞいてみよう。

『日本女侠伝　侠客芸者』DVD（東映）

❖炭鉱社会で暴れた芸者たち

「馬賊芸者」は、明治末期の博多で評判をとっていた芸者のあだ名である。

明治から大正時代にかけて、日清・日露戦争、第一次大戦を経るなかで北九州では造船や炭鉱、鉄鋼など各産業が躍進し、好景気に沸いていた。いわゆる成金が生まれたのもこの時代で、花街はおおいににぎわった。

そんななか、明治末期の博多の座敷で知られるようになったのが「馬賊芸者」だ。彼女たちは、**客の成金をあえてぞんざいに扱った。**

当時の花柳界で豪遊していたのは、炭坑主の貝島太助《かいじまたすけ》、麻生太吉、伊藤伝右衛門や、船頭や荷役業から成り上がった吉田磯吉ら親分衆。芸者たちが勝手に彼らの財布から金を抜き取ったりした行為を「馬賊」と呼び、一種の座敷遊びになっていたという。成金たちは「お前たちは馬賊じゃ」と呆れたが、芸者たちは「馬賊芸者」という呼び名に誇りをもっていたという。なお、もっとも被害を受けたのが、貝島太助、息子の栄三郎だったと伝えられ、栄三郎は葦平の小説に登場する。

呼称の由来は諸説ある。例えば、井上精三『博多風俗史　遊里編』（積文館書店）には「馬賊芸者とは水茶屋芸者のあだな。客をぶしつけに、かつ憎めない言動で扱うおきゃんな行動からこう呼ばれるようになった」とある。つまり、博多の券番（芸者の事務所）のなかでも「水茶屋券番」限定だったという説だ。この呼称が広まったのは明治末頃のことで、同書によると、水茶屋芸者のおえん、おはまが満州旅行から戻ると人を食った言動をとるようになったため、「馬賊芸者」と呼ばれるようになったのだという。

❖「お前たちはまるで馬賊だ」

日露戦争が終わった明治末期、南満州の権益を手に入れた日本では満州ブームが起き、大陸に夢を抱く若者が増加。満州で評判の「馬賊」が日本で知られるようになる。満州帰りのおえんとおはまが「馬賊」と呼ばれたのはそのためである。

満州の「馬賊」とは、治安が悪化した清朝末期から満州国期にかけて、満州周辺を騎馬で荒らし回った盗賊のことを指す。もとは自衛活動をする遊撃兵で、日本軍の支配が強まると抗戦したり、逆に関東軍の工作に利用されたりした。このように、一口に馬賊といっても時代や立場によって意味に広がりがあるが、日本で満州ブームが起きた頃には、ロマンをかきたてる名称になっていたようだ。

おえんとおはまを満州に連れていったのは、相生由太郎という男だったという。相生は、福岡市今川橋の魚屋に生まれ、商いで成功して大連に会社を設立、大連ふ頭の利権を握るようになった。のちに筑紫女学園の校舎を新築するなど郷土へも貢献した人物だ。博多の花柳界でもよく知られていて、仕事で満州へ戻る際、博多駅に見送りに来たおえんとおはまを冗談で誘ってみたところ、真に受けてついてきたのだ。

もうひとつ、別の由来もある。貝島太助が東京で重病に伏せた折、見舞いのために上京した芸者たちの傍若無人なふるまいがもとだという説で、このなかに満州帰りのおえん、おはまという芸者がいた。このとき、父・太助のそばについていた長男の栄三郎が、「お前たちはまるで馬賊だ」

と呆れ、この言葉が広まったのだという。

❖孤独な姐御から連帯の時代へ

『日本女侠伝　侠客芸者』(以下『侠客芸者』)の舞台は明治末期、石炭ラッシュの博多。もとは新橋の売れっ子芸者だった信次《しんじ》(藤純子)は、座敷で暴力を振るってきた軍人・坂田(若山富三郎)の頭に徳利を叩きつけてしまい、追い出されて博多へと流れてきた。

冒頭で描かれるこの騒動には、信次の人柄がよくあらわれている。ちゃきちゃきの口調で叱り飛ばす信次を、軍人たちは「たかが芸者が」と刀を提げて取り囲むが、腹を据えている信次は「たかが芸者にも人としての誇りも意地もございます。それでも成敗するとおっしゃるのなら好きになさいまし」と静かに告げる。落ちついた素顔と、権威を相対視できる気高さが、信次の魅力だ。

馬賊芸者たちも描かれるが、信次は彼女たちと一線を画す存在。成金が座敷に札びらをばらまいて芸者たちに拾わせている姿を見て、不快に感じている。そんなある日、しつこく身請け話をもちかけてくる石炭成金の大須賀(金子信雄)の座敷を蹴って、命がけで石炭を掘る貧しい男たちの小さな座敷へ出てみたところ、男たちを迎えに来た清吉(高倉健)に出会う。

清吉は花田炭鉱の納屋頭《なやがしら》(作業員の監督)で、前科者の自分を引き取ってくれた炭鉱の先代に恩義を感じる義理堅い男だ。花田炭鉱は、電力会社との利権を争って手当たり次第に炭鉱を買収している大須賀の標的となっていたが、清吉が守り抜いている。

ある日、信次は、遊郭から足抜けした遊女とその恋人の青年を偶然助けた。この青年が花田炭鉱で働いていたことが縁で、清吉と顔を合わせるようになる。信次と清吉は流れ者同士、惹かれ合っていく。

信次は、遊女を水茶屋券番にかくまったが、遊郭を牛耳る萬場組のやくざたちが嗅ぎつけ、恫喝する。すると、騒ぎを聞きつけた芸者仲間たちが集結。芸者たちは口々に「萬場組のハンパもんが、博多芸者に手ェ出すんか」「かわいがっちゃるけん、顔ば見せなっせぇ」などと嫌味を浴びせながら取り囲んだ。男たちは長脇差で脅すが、信次がひるまずにやり返し、場を収める。

信次と清吉の仲に嫉妬した大須賀から妨害が続き、仲間芸者・粂八《くめはち》（桜町弘子）の旦那（炭坑主）が、大須賀に山を奪われて自殺する。粂八は怒りを大須賀にぶつけるが、逆に暴力で抑え込まれ、瀕死の傷を負ってしまう。

粂八のもとに駆けつけた芸者たちの怒りはついに頂点に達する。ちょうど、大須賀が嫌がらせとして券番の組合長にも圧力をかけてきたので、信次らは一斉に座敷をボイコットしはじめた。それを知った大須賀は「そこが女たい。座敷でこそ五分の付き合い。こっちもあほになるばってん。一旦、外に出たらあいつら虫けらたい。甘やかしすぎたな」と鼻で笑う。

ところが、芸者たちは大須賀の予想を超えて粘った。芸者がひとりもいない座敷で酒を飲んでいた大須賀が業を煮やし、芸者たちを力づくで連れ出そうとすると、信次が拳銃をぶっ放して追い払う。この拳銃は粂八の旦那の遺品。信次たちとしては粂八のための弔い合戦でもあった。やがて、大須賀が根負けする形で折れ、意志を通した信次たちは歓声を上げる。

すべてが終わったある日、座敷を控えた信次が、いつものように鏡の前で唇に紅をさしている。闘いは終わったものの清吉を失った信次は、まだ悲しみから抜け出せない。だが、これから仕事だ。気を張る信次の強い瞳がふるえ、大粒の涙がこぼれ落ちる。

信次は『緋牡丹博徒』のお竜のような本物の女やくざではないし、武器を持って戦うことはできない。だが、強い者を恐れず、弱い者を助けるという意味では女侠客であり、妹芸者たちにとっては頼もしい姐さんである。**刀を振り回すことはできなくても、啖呵で斬れる。そういう意味では、身近な誰かをエンパワーメントできるような強さをもつ、新たな姐御だ。**芸者の社会には不文律の連帯性があって、頼もしい姉妹芸者たちがいる。だから彼女は、また日常を生きることができるのだ。

❖成金オヤジVS姉妹芸者

『侠客芸者』では、信次の姉妹芸者たちとして少しだけ登場する馬賊芸者について、火野葦平の小説ではその素顔がつぶさに綴られている。葦平自身が芸者を妻としたこともあり、歴史や土地の様子もいきいきと織り込まれていて興味深い。

小説『馬賊芸者』が書かれたのは昭和29（1954）年。貝島栄三郎ら石炭商の御曹司と渡り合う馬賊芸者たちの世界を濃厚に描いている。主人公の売れっ子芸者・信吉《のぶきち》の恋模様や、妹芸者・梅丸らとの立場や世代を超えたシスターフッドが見せ場だ。同年に京マチ子主演で映画化され、新橋演舞場で舞台化もされており、「馬賊芸者」の知名度は全国区となった。

舞台は大正初期の博多。芸者たちは、大阪から来た若手歌舞伎役者の公演に沸き立っている。信吉は歌舞伎役者の片岡秀郎に入れあげ、それが彼女の旦那である貝島栄三郎にはおもしろくない。信吉が片岡と浮気しているのではないかと勘繰るようになった。

そんな折、信吉は、座敷での貝島のささいな言葉からその邪推に気づき、激怒する。「役者を屋形に引っぱりこんでいちゃつくほど、耄碌《もうろく》はしまっせん。出来た仲なら、きれいに外で遊びます」と、きっぱりと否定する。ところが貝島も引かず、ここから信吉ら芸者側と貝島ら成金旦那衆との対立が激化。博多座の桟敷席が、片岡を応援する客と、もうひとりの役者・中村雁童に声援を送る側とに分かれ、掛け声合戦になっていく。

応援合戦のきっかけは、貝島が芸者たちを引き連れて片岡の芝居の妨害をさせたことだった。

これに腹を立てた信吉が反撃していく。

「貝島家のお座敷ひとつがあたきたちの命じゃなか。なんの、あげんか石炭屋の成金なんて、なんぼ銭を持っとるか知らんばって、威張らせとか癖になる。それに、こんな仕打ちをされて、黙って引っこんだら、馬賊芸者の名にかかわるたい」とまくし立て、妹芸者たちも加勢してヒートアップしていく。

貝島栄三郎は、貝島炭鉱財閥を一代で築いた貝島太助の息子で、親子とも実在の人物。三井・三菱などの政商に並ぶほどの事業規模は「貝島王国」と呼ばれた。その跡取りである栄三郎をものともしなかったという「馬賊芸者」の勢いのほどが知れる。

❖男の虚栄に利用されたくない女

歌舞伎役者をめぐる信吉と栄三郎の闘いはいきづまり、結局、信吉たちが出ている座敷の女将と、芝居の興業主の協力によって、あっさりと収束する。この女将がまた肝の据わった姐御肌で、手打ちにおける頼もしい腹芸が描かれる。

信吉には、『花と龍』『女侠一代』で男たちを踏み台にした島村ギン（どてら婆さん）のようなしたたかさはないが、同じ石炭王国を舞台に、身一つで生きてきた「技」で勝負を挑む姿が魅力である。それは、**座敷での社交術であり、踏みつけにされない話術であり、芸の表現力であり、そして何よりも大切なのが、自分を保とうという強い心**だ。巨大な力（軍閥）に単身斬り込んでいく馬賊のような悲壮な挑戦の積み重ねによって、日々、身につけてきたそれらの技が表に出たのが、栄三郎との役者騒動だった。栄三郎の次の言葉を聞いたときに初めて、信吉の胸に小さな闘争心が芽生える。

「馬賊芸者のなかでも、おれはお前をピカ一と思うとる。それが、片岡秀郎のような、まだ青二才の役者と乳くりおうたうえ、自分の屋形にひっぱりこむというのは、お前の名にかかわる。まずいよ、許すことは出来んね」

これを聞いたとたんに信吉は、栄三郎の邪推を野暮だと非難し、ひいきと浮気とは違うのだと、反論しはじめる。そもそも、信吉が片岡をひいきにしようと思ったのは、相手が、好きな芸の世界の人だからだ。それに、信吉は一度決めたことはやり抜かないと気が済まないたちなので、自分の心に従っただけのこと。そういう生き方を貫くことでこの世界でやれてきたという自負もある。だから、「許すことはできん」という支配的な言い方には我慢ができなかった。

栄三郎にとっての信吉は、名声と金で疑似恋愛を楽しめる所有物であり、愛玩品だ。だから「信吉の芸者としての格は自分（栄三郎）の評価によるものだ」といった言葉で切り出しているのだ。「お前の名にかかわる」とは、「お前のために言っている」というよく聞くセリフに似ている。

現代でいうところのモラハラである。ことさら思いやりをアピールするこの言葉は、じつは我を通そうとしているだけのこと。続く言葉は「許すことはできんね」と本心がもれて命令口調になっている。

そもそも芸者の旦那になるということは、明確な力関係にもとづく以上、支配欲を満たす行いである。ところが、飼い犬に噛みつかれた格好になって気持ちが満たされず、ついに捨て台詞を吐いて幼稚な応援合戦をしかけてしまった。信吉に言い返されたときの栄三郎の心境は「生意気な、と反発を感じた模様で」と書かれている。

古くから芸どころで知られた博多では、芸者が東京や大阪から来た役者に入れあげる話は、実際に明治時代からよくあった。役者たちもまた、目の肥えた博多っ子のために力を入れており、市川左団次ら著名な役者の真摯な姿勢に、芸者たちは惹かれたという。『馬賊芸者』の信吉も、下心抜きの純粋なファンとして描かれる。役者に対する「お礼は要りまっせんばい。（略）博多に、馬賊芸者ちゆうて、とんぴんで、お人よしで、馬鹿みたよな芸者どもが居ったということを、ときどき、思い出して下さりや、それで、よかと」という言葉が、それをよく示している。

この騒動も、実際に起きた事件がモデルだ。『馬賊芸者』以前に、フクニチ新聞の連載『新南国太平記』（秋本善次郎著）、小田部博美『春宵水券夜話』という著作で知られていた。『春宵水券夜話』によると、馬賊芸者が登場する前から、博多の芸者はきっぷがよく、土地の男性たちの荒っぽい気性を反映して鉄火肌だったのだと書かれている。貝島栄三郎と芸者・秀子の両陣営に分かれて役者の応援合戦がはじまると、なんと「九州日報」はその人気投票を実施してさらに過熱したようだ。玄洋社（政財界と軍部に多大な影響を与えた福岡市の政治団体）が栄三郎側につき、投票用紙の買収をするなどして仲裁に入り、けりがついたという。

❖芸能事務所のワンマン経営者に対する、120年前のシスターフッド

「馬賊芸者」たちの個性が際立つもうひとつのエピソードが、映画『日本女侠伝　侠客芸者』でも痛快に描かれたストライキである。これも、実際に起きた出来事だった。明治34（1901）年、相生券番の29名の芸者が座敷をボイコットすると、水茶屋券番に向かって列をなして歩いていったという。

その原因を作った券番の取締役・米倉藤三郎は色を失う。米倉は、普段から芸妓の髪形や衣装、旦那との関係にまで細かく干渉し、圧迫しつづけてきた。女の子たちのヘアメイクに衣装、ふるまい、発言などすべてを男性好みに仕立て、恋愛にまで干渉するワンマン経営者は、100年以上前から存在していたのである。

我慢を重ねてきた芸者たちは、市川左団次の芝居見物を禁止されたことでついに爆発。示し合

わせて座敷を蹴り、勝手に水茶屋券番へと移っていく。この騒動が新聞に好意的に書き立てられるなどして街をにぎわせると、石炭成金や玄洋社の頭山満らがおもしろがって芸者たちを応援した。

史実の米倉は旧福岡藩士だったが明治維新で家が没落し、やがて渡世人となり、花街で生計を立てるようになる。大柄でドスの利いた風貌の米倉はいつしか町の顔役となっていったようだ。やがてその界隈に花街・相生町が生まれ、明治22（1889）年、米倉は博多初の芸妓置屋の組合「相生券番」を設立。その頃には、取締の米倉の名は博多花柳界の重鎮として、また独裁者として知れわたっていた。

そして明治34（1901）年の夏、相生券番の芸妓総代を務めていた小三（根本アキ）と小滝（高橋タキ）が、米倉のワンマン運営に対抗するため、28名の売れっ子たちを引き連れて千代町の水茶屋券番に移っていく。映画『侠客芸者』では、横暴な客の圧力に屈する券番組合長に、芸者たちが「見損ないましたよ！」と捨て台詞を吐く場面があったが、実際の米倉は手ごわかった。

激怒した米倉は、すぐに茶屋などに連絡して手を打った。博多じゅうの料亭・待合茶屋（座敷だけを提供する店）に対し、「水茶屋の芸者を呼んだ場合は相生券番と中洲券番からは芸者を送らない」と通達したのだ。芸能事務所がテレビ局に圧力をかけるようなことだろう。この圧力に芸者たちがひるまなかったのは、具島太助ら強力な旦那衆が応援していたからである。

旦那衆は、水茶屋を擁する千代町の料理屋を貸し切り、芸者たちを総揚げするなどして競うように遊んだ。このため、水茶屋はおおいに潤い、相生券番と並ぶほどさかえた。明治末から水茶屋の馬賊芸者が評判をとったのも、この騒動を乗り越えて度胸を身につけたことが大きかったのではないだろうか。大胆に行動し、騒ぎ、考える女は強いのである。

なお、明治時代には東京でも似た例が見られた。明治8（1875）年、柳橋芸者約100人が玉代（客が芸者側に支払う金）の値上げに反対してストライキを起こした。これを新聞で知った別の町の芸者が胸をアツくして新聞に意見を投稿。「さすが柳橋、意気地とやらが身に染みて「皆さんがたのお心の、よく揃うたに惚れました」と投書してエールを送ったのだ。

❖助け合って生きていく

芸者が所属する置屋では、少額で買い取った娘を戸籍上の子として育てることは珍しくなかった。親子関係の義理を絡ませることで恩義を感じさせ、芸者に育ったときに搾りとろうという花柳界の常識が背景にあったのだ。『馬賊芸者』でも、信吉の妹芸者の梅丸が意地悪な養父母から日々いじめを受け、嫌な客をとらされる。信吉がいることで梅吉はかばってもらえ、なんとか乗り切っていく。

大人の打算を見て育った梅丸は、信吉にこそ本物の恩義を感じるようになり、「姐さんのためなら、あたい、どんなことでもして、恩返しするわ」が口癖になる。いっぽう、信吉は、「恩返しなんていいから」「早くよか男でも見つけて堅気になって。姐さんのような馬賊芸者になってはだめ」と優しくさとすのが常だ。

『馬賊芸者』の後半は、信吉の結婚、夫の急死、芸者への復帰、若き博多人形師への激しい恋と失恋……と、物語がめまぐるしく展開する。最後の失恋は、人形師と恋仲になった梅丸に遠慮してのことだ。信吉は、最後の侠気を輝かせて、梅丸を駆け落ちさせるために奔走する。

このクライマックスの流れで、信吉に変化があらわれる。それは、夫に死に別れ、再び座敷へ出るようになった折のこと。仲間たちに歓迎されて戻ったものの、以前のひりひりするような感覚が消え失せていたのだ。自分の美しさと表現力に酔い、男たちに向かっていく、あの好戦的な高揚感が失せていた。それは生きがいを失ったのも同然だった。見た目には以前と変わらぬ明るさを振りまく信吉の内面は「にわかに男嫌いになった」からだと説明される。

世間並の家庭を築くという夢への期待が大きかっただけに、信吉の傷は深かった。再び値踏みされつづける存在に戻った信吉は、男を心底嫌悪することで、せめて自分を保とうとしたのかもしれない。

このように、芸者たちが自分の芸を誇りながら支え合っていく姿をみると、彼女たちの連帯は、そうせざるを得ないから出来上がったのだと痛感させられる。社会的弱者である女性が手を携えずには乗り切れないという状況は、古今東西の歴史に存在する。**女性は女性だけの世間をもち、その共同体の一員としてだけ、自分の言葉を発することができた**のだ。

映画や小説で描かれる痛快なシスターフッドの背後にも、痛切な生の積み重ねがある。馬賊芸者たちの場合、単に目の前の男に啖呵を切っているのではなく、自分たちを品評する社会のすべてと闘っていたのだ。

日本の芸妓とは異なるが、やはり芸の世界で同志たちとともに誇り高く生きる女性を描いた韓流ドラマに『ファン・ジニ』（2006年、韓国）がある。主人公は、朝鮮王朝時代に実在した妓《キー》生《セン》（身分は「賤民」にあたる）のファン・ジニ。

現代人には計りしれない差別のなかで生きた女性の一代記でありながら、女性の人生を普遍的なメッセージに乗せて描いていて、今なお日本でも共感を呼び、ファンを増やしているドラマである。その普遍性とは、少女になると「女」として生きるよう方向づけられ、品定めされ、「女」から逃れられないという現実だ。主人公が表現者として切実に生きれば生きるほど、「女」として生きざるを得ない葛藤や苦しみが浮かび上がる。儒教道徳のもと、似た性規範を敷かれてきたからこそ、ただの一個人として生きたいと願う女性の物語に共鳴する人が増えているのだろう。

「古い日本のモラル」を飛び越えた女馬賊

『馬賊芸者』には舞台版があり、信吉が最後に満州へ渡る結末である。その目的は、満州で身売りした金で梅丸と人形師を駆け落ちさせること。あまりにも壮絶な信吉の覚悟を知った仲間芸者たちは、「博多の馬賊が満州へ行って、本物の馬賊の頭領と夫婦にでもなれば話が太うなって威勢がよか」と寂しそうな顔で語り合い、同情を寄せる。信吉らしい自己犠牲を見せ場にしたものだが、満州へ渡るという点では小さな希望も感じさせる。

当時の女性にとって、大陸へ渡るだけでもだいそれたことだった。さらに、そこで何かをなしとげたり、何者かになったりするとしたらどうだろう。当時、実際に満州に渡った女性たちの姿には、「馬賊芸者」の強さをひもとく鍵が隠されていそうだ。

❖女性も憧れた馬賊

女性解放運動の先駆者・山川菊栄は自伝に、「女学校にはいったころは、馬賊の話がよく新聞などに出るにつれ、ひとつ馬賊になって満州のはてしない平野に馬を走らせようという、途方もない夢をみていました」(『おんな二代の記』岩波書店)と書いている。満州、馬賊、大陸といった言葉に胸を躍らせるのは男性だけではなかったのだ。舞台版『馬賊芸者』が公開された戦後の日本でも、「満州」という言葉は、そこに渡った女性たちの劇的な半生を思い起こさせた。

実際に大陸へ渡った女性たちのなかで語り草になったのは、中国人や朝鮮人の馬賊の愛人になったり、日本から渡った「大陸浪人」と一緒になったりした女性たちである。満州を目指した女性のなかでも、「満州お菊」と呼ばれた伝説的な女性は、馬賊の頭《かしら》になったという。長崎県の天草出身で、7歳の頃に朝鮮の料理屋に売られたのち、大陸を放浪。張作霖《ちょうさくりん》の義兄弟の馬賊を処刑寸前に救ったことで馬賊に転じたと伝えられる。

明治32(1899)年、北満州へスパイとしてもぐりこんだ石光真清《いしみつまきよ》の手記『曠野《こうや》の花』(中央公論社)には、ハバロフスクで馬賊の頭目の愛人になったお君という女性のことが書かれている。情にあつく勇敢で、貫禄のある女だったようだ。石光の手記のように、馬賊とつながりをもった日本人女性を書いたものの多くが、その特徴を「我慢強く従順で、覚悟を決めていた」と伝えている。現地の馬賊は、逆のタイプが多い朝鮮人、中国人女性よりも日本人女性を好んだそうだ。

大陸へ密航する女性たちのなかには、舞台版の信次のような境遇となる者もいた。門司《もじ》や小倉《こくら》などの輸出港から密航させられる女性たちがいたことは、『花と龍』映画版でも描かれていた。石炭産業を背景に芸を売って生きた「馬賊芸者」と彼女たちとは別の道を歩んだようにみえて、じつは混ざり合っていたとも思われる。

戦後、「最後の馬賊芸者」と呼ばれた「奴姐さん」の伝記『或る馬賊芸者伝「小野ツル女」聞き書より』（角田嘉久著、創思社出版）にも、芸者がいったん券番から外れるとその後の足取りがつかみにくく、体を売らざるを得ない者が多かったらしいと書かれている。旦那の経済的支援がなくなると、彼女たちの暮らしが急転落したことは、容易に想像できる。

明治なかば、九州から大陸に自ら渡った女性は数百人に達したとみられている。日本での生活に見切りをつけざるを得ない人が、それだけいたということだ。大陸で生活を立て、裕福な馬賊と一緒になるのは女性たちにとって生きるためのひとつの道だった。

❖満州モダンガールへの憧れ

満州へ渡った人たちは「馬賊」「大陸浪人」などと呼ばれ、荒っぽくもロマンあふれるイメージをもたれていたが、女性たちはどう見られていたのだろうか。

今、満州の女性と聞くと、戦後の引き上げ時の姿や、「大陸の花嫁」、戦時性暴力の犠牲者といった、翻弄された女性像を思い浮かべる人が多いだろう。だが、全盛期の満州国は、消費社会が発展するモダンな都市であり、欧米風の都市というイメージをもつ人も多かった。女性にとっては、伝統的価値観から解放してくれる印象ももたれていて、新天地を求めて渡る夢の世界でもあったのだ。

日露戦争後の明治後期、満鉄（南満州鉄道）が敷かれ、満州の南半分は日本の勢力圏となった。満鉄職員の妻も、満鉄婦人協会ができたことなどから当初は脚光を浴び、モダンな「職業婦人」とみなされていた。

『満州グラフ』という満州国のプロパガンダ雑誌に見られる日本人女性は、たしかに開放的な表情にあふれている。進んだ都市生活を楽しむ、主体的な職業婦人といった印象だ。さらに、**「辺境」「越境」という地理条件も、列島の伝統的なモラルから解放してくれるというビジョンを女性たちに与えた。**満州を目指す女性のなかには女学生や主婦もいて、「女家出人」の捜索願が増えた時期もあったほどだ。昭和7（1932）年の『満州日報』には、女給を目指す女性の記事が多く掲載されていたという（生田美智子編集『女たちの満州 多民族空間を生きて』大阪大学出版会）。

やがて、満州の日本人街には芸者やカフェの女給など風俗産業で働く女性たちがあふれ、「特殊女性」と呼ばれるようになる。彼女たちが集まったのが、誕生したばかりのダンスホールだ。ダンスホールには、中国や朝鮮、台湾からも国境を越えて女性たちが集まるようになり、ダンスホールの女性は国際的な存在とみなされていく。

芸者も女給も、最終目標は結婚である。ダンスホールで踊っていれば出会いの機会が格段に増える。内地よりも開放的な場所が多い満州国では、その夢を叶えやすかった。実際、交際を広げた「特殊女性」たちは、それまで所属した社会の垣根を越えて、「家庭」を獲得していった。

ダンスホールが増えるにつれて、それまで準娼婦ともみなされてきた芸者やカフェの女給たちは、日本政府から警戒されるようになる。やがて彼女たちは、現地・内地の各種メディアでふしだらな娼婦としてバッシングされるようになり、現地では警察の取り締まり強化によって弾圧されて姿を消した。

取り締まる側が警戒したのは、**女性たちの流動性と果敢な越境精神**だろう。境界によって自分の立場を保証されている人からすれば、それを犯されることは、拠って立つ場を否定されるような不安を感じさせる。境界を守ろうとする者とは、日本社会をまわしてきた「男性」と言いかえてもいいだろう。

これまでみてきたように、江戸時代から支配層は「女徳」「女訓」を説き、あるいは古代中国の「寵姫」を戒めとして、女性が力をもたないよう啓蒙してきた。時代が流れ、町娘たちが三味線などの芸や教養を武器に武家社会に近づくと、秩序をおびやかすとしてやはり警鐘をならした。自分が定めたラインを越えてくる女性たちを反女大学的だとして、ルールをきつくする。その繰り返しだった。

そして明治以降には、良妻賢母・純潔といった枠組みを強化し、「芸娼妓」とくくった女性たちを世間が広く裁くようになった。野心的な女性が現れるたび、言葉でレッテルを貼って縛り、排除してきたのである。

境界を越える者とは、男社会が長い時間をかけてつくり上げてきた枠を飛び越えることで、その価値観をおびやかす者のことだ。

境界線を越えて新たな世界に飛び込んだ者は、他者の領域を理解できるようになる。そこでは、新たな人間関係が待ち受けていて、目の前の世界が開け、別の現実がはじまる。女だからと我慢させられてきた職業にも就けるだろうし、女らしくないからと制限されてきた言動も、自分のものにできるだろう。山川菊栄のようなインテリ女性が夢見たように、山師的なふるまいだって可能だ。「馬賊」に憧れて海を渡った女性たちは、そんな自由をつかもうとしていたのだ。

姐御たちのゆくえ——おわりに

強く、勇敢な姐御たちをみてきた。

中性的な江戸文化が生み落とした姐御は、形をかえて多くの作品で受け継がれてきた。ときに性差を越えた存在として描かれてきた彼女たちは、今も社会にあふれる記号的な女性像とはまるで違った、どこか野蛮な美しさを見せてくれた。

時代を経るなかで、姐御は人々の苦しみや憧れを引き受け、背中を見せて闘う存在にもなった。歴史の転換点には「新しい女」として、うしろを歩む人を勇気づけた。そして、実際に私たちと同じこの現実を生きた生身の姐御もいたという事実は、この先もずっと私たちの手を引いてくれるはずだ。

むかしの女性を物語にするとき、「現代の価値観で描いてはいけない」とよく耳にする。だが、それは嘘なのかもしれない。現代とは別世界を生きる女性の涙が、とても他人ごとに思えないときがあるからだ。残る物語とはそういうものだろう。

逆に、「時代は変わった」からこそ、むかしの女性の涙が心を打つのだという見方もある。これもじつは嘘で、たんに社会が見ようとしてこなかっただけなのだと思う。

日本の女性はか弱く、控えめな「やまとなでしこ」だった。むかしの女性は地位が低かった。だから記録も少なく、歴史には残っていないのだ——そういう決まり文句をなんとなく繰り返す時代は、そろそろ終わってほしい。歴史上の女性は、無視されてきたに過ぎないのだから。

今、姐御肌の女性、かっこいい女性の何が人を惹きつけるのかといったら、「言葉」である。人々が長く愛してきたのも、姐御がもつ「啖呵」という最大の武器だ。権力を向こうにまわし、自分を世間の評価にかけず、弱い者にエールを送る——その言葉に人々はしびれ、勇気をもらってきた。その繰り返す歴史の、大きなうねりが今なのかもしれない。「言葉」の縛りはまだあるが、新しい言葉を見つけた人が応戦をはじめているからだ。

多様な女性像を見せてくれ、「女らしさ」を批判的にみることを教えてくれた姐御は、これからも姿形を変えて現れるに違いない。

そしてこれからは、女性の手による姐御物語も増えていくことを願っている。

『姐御の文化史』関連年表　（■世の中の出来事　●「姐御」関連の史実）

明暦2（1656）年
■女性のための教訓書、『女四書』が中国から輸入・出版される

寛文元（1661）年
■女性のあるべき姿を説いた『本朝女鑑』が出版。中国由来の「列女伝」本が相次いで出版され、ブームに

享保5（1720）年
●近松門左衛門作の心中もの『心中天網島』が大坂で初演される。**小春**と**おさん**、女性ふたりのシスターフッドが話題を呼ぶ

享保7（1722）年
●大坂の女侠客**奴の小万**が生まれたとされる
■儒学にもとづく女子教育書『女大学』が出版。のちの「良妻賢母」像のルーツとなる思想がこの書で広められた

文化8（1811）年
●江戸で歌舞伎『助六縁江戸桜』が上演。侠客の助六とヒロインの花魁**揚巻**が人気に

天保4（1833）年
●為永春水『春色梅児誉美』が完結。登場する女性たちが「女伊達」と呼ばれ人気を博す

天保6（1835）年
●中国の『水滸伝』の男女逆転版『傾城水滸伝』（曲亭馬琴著）が完結。強い女たちが話題に。浮世絵でも「水滸伝」ものが幕末にかけて大流行する

天保8（1837）年
●次郎長一家の3代目姐御**お蝶**こと**ケン**が生まれる
天保12（1841）年
●楢崎龍（**お龍**《りょう》）が誕生
天保14（1843）年
■庶民向けの娯楽や風俗を厳しく規制した「天保の改革」（1830〜1843）が終わる。女性のファッションも厳しく取り締まられた
嘉永3（1851）年
●幕末の大姐御**菊池徳**の愛人、国定忠治が磔刑となる。まもなく瓦版などで徳の姐御ぶりが江戸でニュースに
嘉永6（1853）年
■黒船が浦賀沖に来航

安政6（1859）年
■大老・井伊直弼が幕府に反対する者を弾圧（安政の大獄）。政情が不安定に
●「水滸伝」の浮世絵が大ヒット。**奴の小万**が江戸でリバイバルする
安政7（1860）年
■安政の大獄で弾圧された水戸藩の浪士らが井伊直弼を暗殺（桜田門外の変）
慶応元年（1865）年
■**お龍**こと楢崎龍、坂本龍馬と祝言をあげる
慶応2（1866）年
■坂本龍馬らが奔走し、薩長同盟が結ばれる
■幕府と長州藩が交戦。幕府の敗北が続くなか、将軍・徳川家茂が死去したため停戦
■徳川慶喜が最後の将軍となる
■孝明天皇が崩御

慶応3（1867）年

■慶喜が政権を朝廷に返上する（大政奉還）

●坂本龍馬が京都・近江屋にて暗殺される

■討幕派のクーデター（王政復古の大号令）により天皇を中心とする新政府が樹立。幕府は廃止され、慶喜は将軍職を辞職

明治2（1869）年

■戊辰戦争が終結。旧幕府軍が新政府軍に敗れる

■関所が廃止され、女性の移動が自由になる

■アメリカ・ワイオミング準州にて初の女性参政権法が成立

明治3（1870）年

●3代目**お蝶**、バツイチ子連れで清水次郎長と再婚する

明治4（1871）年

■廃刀・断髪の自由を認める布告。日本髪を切る女性が増え、翌年、女子の断髪禁止令が出る。「断髪していいのは男だけ」と新聞が女性をバッシング

■廃藩置県により藩（大名）が消滅。名実ともに幕藩体制が終わる

明治5（1872）年

■東京府、女子の断髪禁止を告諭

■学制発布。「男女平等」を掲げた義務教育が開始

■遊女の人身売買を禁じる「芸娼妓解放令」。売春そのものを禁じなかったため有名無実化

明治12（1879）年

●幕末から続く「毒婦」「悪女」ブームにより**高橋お伝**を描いた小説や歌舞伎がヒット

■教育令発布。男女別学の規定により、小学校に裁縫科を設置し女性教員を配置

明治19（1886）年
■中学校令・師範学校令発布。高等教育が男子向けに整備されるとともに、女子を高等教育から本格的に排除する方針が強化

明治22（1889）年
■大日本国憲法発布
●忠治一家の姐御だった**菊池徳**が74歳で死去

明治24（1891）年
●「どてら婆さん」こと**西村ノブ**が率いる会社が筑豊鉄道の鉄橋を完成させる

明治27年（1894）年
■日清戦争勃発

明治36（1903）年
●**麻生イト**、故郷に近い因島に落ち着き、造船業界の「女親分」として活躍していく

明治37（1904）年
■日露戦争勃発

明治41（1908）年
●昭和初期に「姐御女優」として名をはせる**伏見直江**が生まれる

明治44（1911）年
■平塚らいてう『青踏』を創刊

大正14（1925）年
■この頃、「モダンガール」「職業婦人」が流行語に

昭和2（1927）年
●映画『忠治旅日記』三部作（伊藤大輔監督）公開。伏見直江が「姐御女優」としてブレイク
●宝塚歌劇団で男装の演者が登場。以降、女性ファンを増やしていく

昭和5（1930）年

●長谷川伸による「股旅もの」の代表作『瞼の母』が出版される

昭和6（1931）年

●映画『御誂治郎吉格子』（伊藤大輔監督）公開。**伏見直江**が主人公に惚れ抜く女郎を熱演

昭和7（1932）年

●**大江美智子**による「女剣劇」が初演。女性が男装してチャンバラを演じる「女剣劇」が浅草などを中心にブームに

昭和8（1933）年

●**伏見直江**、舞台『女国定』の座長として全国を巡業。

昭和20（1945）年

■ポツダム宣言を受諾。終戦

■治安警察法が廃止され、女性の政治活動が自由になる

昭和21（1946）年

■日本国憲法発布。男女平等が明文化され、女性参政権が保障される

昭和22（1947）年

■教育基本法、学校教育法が施行。教育の機会均等と男女共学、女子への高等教育機関の解放が法制化

昭和28（1953）年

●火野葦平の小説『花と龍』が刊行。北九州の炭鉱社会で生きる姐御たちを活写し話題に。昭和30年以降、映画化

昭和32（1957）年

■売春防止法が施行。翌年、赤線が廃止される

昭和33（1958）年

●「どてら婆さん」を描いた映画『女侠一代』が公開

昭和36（1961）年

●実在した女親分、**麻生イト**が登場する映画『悪名』（田中徳三監督）が公開

昭和38（1963）年

●映画『次郎長三国志』（マキノ雅弘監督）公開

昭和41（1966）年

●映画『沓掛時次郎　遊侠一匹』（長谷川伸原作　加藤泰監督）が公開

昭和44（1969）年

●「女紋次郎」といわれた映画『笹笛お紋』、丹下左膳の女版『女左膳　濡れ燕片手斬り』、女版座頭市映画『めくらのお市物語』が公開

昭和48（1973）年

●映画『花と龍　青雲篇　愛憎篇　怒涛篇』（加藤泰監督）が公開

昭和56（1981）年

■女子差別撤廃条約が発効

●加藤泰監督の最後の劇映画『炎のごとく』が公開

昭和61（1986）年

■男女雇用機会均等法が施行

平成11（1999）年

■男女共同参画社会基本法が施行

平成14（2002）年

■**お龍**が主人公の映画『竜馬の妻とその夫と愛人』（市川準監督）が公開

参考文献

『映画評論15（10）』映画出版社（1958）
『キネマ旬報別冊　美空ひばり映画コレクション』キネマ旬報社（1994）
『平凡特別編集あなたの美空ひばり』マガジンハウス（2001）
アン・ウォルソール著、森本恭代訳『江戸文化における大奥』お茶の水女子大学ジェンダー研究センター年報4・21（2001）
有賀喜左衛門「日本婚姻史論」（『有賀喜左衛門著作集6』収録）未来社（2000）
伊井一郎『女剣一代　聞書き「女剣劇役者・中野弘子」伝』新宿書房（2003）
生田美智子「新興満洲国女性の表象形成と亡命ロシア女性　『満洲グラフ』より」（『Ceвep 29』所収）（2013）
生田美智子編『女たちの満洲　多民族空間を生きて』大阪大学出版会（2015）
池田浩士『火野葦平論』インパクト出版（2000）
石塚洋史『日本映画におけるプログラム・ピクチャーの役割　東映任侠映画を中心として』（2001）
石光真清『曠野の花』竜星閣（1958）
一坂太郎『わが夫　坂本龍馬』朝日新聞出版（2009）
井上精三『博多風俗史　遊里編』積文館書店（1968）
茨木のり子『おんなのことば』童話屋（1994）

岩本憲児編『時代劇伝説　チャンバラ映画の輝き（日本映画史叢書4）』森話社（2005）
岩井弘融『病理集団の構造』誠信書房（1963）
大宅壮一「新おんな系図」（『婦人公論』昭和34年2月号所収）中央公論新社（1959）
小川順子『チャンバラ映画と大衆演劇の蜜月　美空ひばりが銀幕で果たした役割』国際日本文化研究センター（2006）
尾崎久弥『江戸軟派雑考』春陽堂（1925）
小田部博美『博多風土記』海鳥社（2005）
笠原和夫『映画はやくざなり』新潮社（2003）
加藤泰著、山根貞男・安井喜雄編『加藤泰、映画を語る』筑摩書房（1994）
加藤泰著、鈴村たけし編『加藤泰映画華　抒情と情動』ワイズ出版（2013）
門田勲『古い手帖』朝日新聞社（1974）
紙屋牧子「『自転車に乗る女』のメディア表象　三浦環から原節子へ」（『演劇研究36』所収）早稲田大学坪内博士記念演劇博物館（2012）
神山彰編『忘れられた演劇　近代日本演劇の記憶と文化1』森話社（2014）
河東碧梧桐『山を水を人を』日本公論社（1933）
岸井良衛『女藝者の時代』青蛙房（2011）
鬼頭孝佳「松平定信のジェンダー観―風俗政策の背景」（名古屋大学中国哲学研究会2009年10月例会発表論文）（2011）
くまもと女性史研究会編『くまもとの女性史』くまもと女性史研究会（2000）

国立歴史民俗博物館編『民衆文化とつくられたヒーロー　―アウトローの幕末維新史―』歴史民俗博物館振興会（2004）
今東光『悪名』新潮社（1961）
斎藤完『映画で知る美空ひばりとその時代　銀幕の女王が伝える昭和の音楽文化』スタイルノート（2013）
佐藤忠男『長谷川伸論』岩波書店（2004）
佐橋法龍『清水次郎長伝』三一書房（1972）
ジェラルド・グローマー『瞽女と瞽女唄の研究　研究編』名古屋大学出版会（2007）
篠田鉱造『幕末百話』岩波書店（1996）
篠田鉱造『明治百話（上）（下）』岩波書店（1997）
篠田正浩『河原者ノススメ　死穢と修羅の記憶』幻戯書房（2009）
俊藤浩滋・山根貞男著『任侠映画伝』講談社（1999）
酔多道士編『本朝侠客伝』奎暉閣（1887）
角田嘉久『或る馬賊芸者・伝：「小野ツル女」聞き書より』創思社出版（1980）
関口すみ子『御一新とジェンダー　荻生徂徠から教育勅語まで』東京大学出版会（2005）
関口すみ子『良妻賢母主義から外れた人々』みすず書房（2014）
高木侃『三くだり半―江戸の離婚と女性たち』平凡社（1987）
高橋敏『国定忠治』岩波書店（2000）
高橋敏『国定忠治を男にした女侠 菊池徳の一生』朝日新聞社（2007）

高橋敏『清水次郎長』岩波書店（2010）
田中香子・岩尾詠一郎・苦瀬博仁著『筑豊炭田における石炭輸送手段と輸送物資の変遷に関する研究』土木計画学研究・講演集38-79（2008）
玉井史太郎『河伯洞往来』創言社（2004）
玉井政雄『ごんぞう物語』オール日本社（1969）
長島淳子『江戸の異性装者たち　セクシャルマイノリティの理解のために』勉誠出版（2017）
長野ひろ子『明治維新とジェンダー　変革期のジェンダー再構築と女性たち』明石書店（2016）
中村真一郎『木村兼葭堂のサロン』新潮社（2000）
山川菊枝『わが住む村』岩波書店（1983）
西村天則『侠客寡婦物語　清水次郎長の平生と晩年』西村天則（1909）
萩原進『群馬県遊民史　県民性と青少年犯罪の史的背景』上毛新聞社（1967）
長谷川伸『股旅草鞋』平凡社（1929）
林えいだい『海峡の女たち　関門港沖仲仕たちの社会史』葦書房（1983）
林えいだい『関門港の女沖仲仕たち』新評論（2018）
林芙美子『散文家の日記』実業之日本社（1934）
火野葦平『昭和国民文学全集〈19〉火野葦平集花と龍』筑摩書房（1974）
富士正晴『大河内傳次郎』中央公論新社（1978）
武相の女性・民権とキリスト教研究会編『武相の女性・民権とキリスト教』町田市立自由民権資料館（2016）

藤田五郎『公安百年史』公安問題研究協会（1978）
藤田五郎『任侠百年史』笠倉出版社（1980）
武陽隠士『世事見聞録』岩波書店（1994）
松尾正人『廃藩置県の研究』吉川弘文館（2017）
三田村鳶魚著、稲垣史生編『江戸生活事典』青蛙房（1959）
村上貢『しまなみ人物伝』海文堂出版（2015）
村上貢『女傑一代　生誕百三十年記念　麻生イトの生涯』麻生イト生誕130年記念事業記念世話人会（2006）
明治維新史学会編『明治維新と女性（講座 明治維新9）』有志舎（2015）
森安彦『古文書からのメッセージ』三省堂（2005）
山川菊栄『武家の女性』岩波書店（1983）
山川菊栄『わが住む村』岩波書店（1983）
山川菊栄『おんな二代の記』岩波書店（2014）
山田雄司『忍者の歴史』KADOKAWA／角川学芸出版（2016）
山村愛花『女百面相　当世気質』日本書院（1918）
渡部周子『明治期における「少女」の国民化過程の考察　「純潔」規範を事例として』（『千葉大学社会文化科学研究8』所収）千葉大学大学院社会文化科学研究科（2004）
渡辺信一郎『川柳　江戸女の一生』太平書屋（1991）

ナ行

ハ行

タ行

カ行

サ行

《索引》

伊藤春奈（いとう・はるな）

立命館大学産業社会学部を卒業後、出版社、編集プロダクションに勤務。雑誌やムック、書籍などの編集を担当する。２００６年より、フリーランスの編集者・ライターに。幕末史や女性史を中心テーマに活動。著書に、『真説！・幕末キャラクター読本』（アスペクト）『幕末ハードボイルド』（原書房）などがある。

「姐御」の文化史

幕末から近代まで教科書が教えない女性史

初版発行　2019年10月10日

著者　伊藤春奈
デザイン　川畑あずさ
編集　稲葉将樹（DU BOOKS）
発行者　広畑雅彦
発行元　DU BOOKS
発売元　株式会社ディスクユニオン
東京都千代田区九段南3-9-14
編集　TEL.03.3511.9970　FAX.03.3511.9938
営業　TEL.03.3511.2722　FAX.03.3511.9941
http://diskunion.net/dubooks/

印刷・製本　大日本印刷

写真協力　公益財団法人川喜多記念映画文化財団、国立国会図書館
川越市立美術館、太田記念美術館

P272キャプション　歌川国貞（三代豊国）「梨園侠客傳　女伊達 団七じまのおかち」
太田記念美術館蔵

ISBN978-4-86647-103-7
Printed in Japan

DU BOOKS

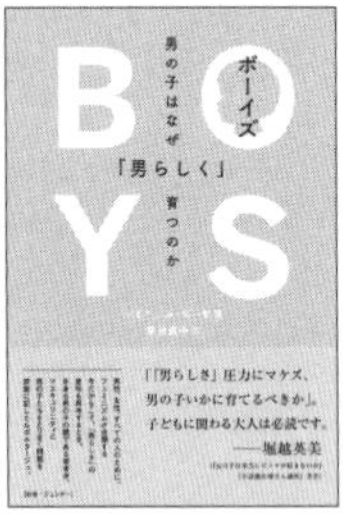

ボーイズ

男の子はなぜ「男らしく」育つのか

レイチェル・ギーザ 著　冨田直子 訳

女らしさがつくられたものなら、男らしさは生まれつき?
教育者や心理学者などの専門家、子どもを持つ親、そして男の子たち自身へのインタビューを含む広範なリサーチをもとに、マスキュリニティと男の子たちをとりまく問題を詳細に検討。ジャーナリスト且つ等身大の母親が、現代のリアルな「男の子」に切り込む、明晰で爽快なノンフィクション。

本体2800円＋税　四六　376ページ　好評2刷!

キュロテ

世界の偉大な15人の女性たち

ペネロープ・バジュー 著　関澄かおる 訳

ペネロープ・バジューによる、キュートでユーモラスな女性偉人伝コミック!
世間の目や常識にとらわれず、自由に生きることで、時代を革新してきた世界の女性15人を紹介。勇猛果敢な女戦士、古代ギリシャ初の女性医師、中国史上唯一の女帝、人気キャラクターの産みの親…etc.　あなたがまだ知らない、パワフルでユニークな彼女たちの人生とは!?

本体1800円＋税　A5　148ページ（オールカラー）

プッシー・ライオットの革命

自由のための闘い

マリヤ・アリョーヒナ 著　aggiiiiiii 訳　上田洋子 監修・解説

ロシアのフェミニスト・パンク集団、プッシー・ライオット。グループ創設者のひとりマリヤ・アリョーヒナが自ら語る、真の目的と活動のすべて。結成秘話、2012年モスクワ大聖堂での衝撃のゲリラ・ライブとその逮捕劇、いまだに続くロシアの“矯正”労働の真相、そして彼女の信じる道――。なぜ彼女たちは彗星のごとく現れたのか?

本体2000円＋税　四六　296ページ

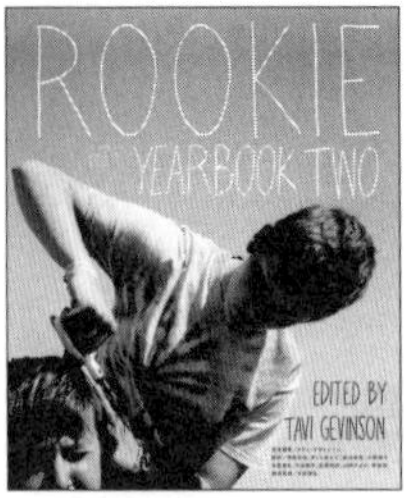

ROOKIE YEARBOOK TWO

タヴィ・ゲヴィンソン 責任編集　山崎まどか、多屋澄礼 他 訳

ドキドキも、悲しみも、キスのやり方も、落ち込んだ時にいつも通り過ごす方法も、全部ROOKIEが教えてくれる――。アメリカ発、ティーン向けウェブマガジン「ROOKIE」のヴィジュアルブック、大好評第2弾。編集長は、タヴィ・ゲヴィンソン!　エマ・ワトソン、レナ・ダナム、グライムス、モリッシー、モリー・リングウォルド、ジュディ・ブルームの寄稿・インタビュー収録。

本体3500円＋税　A4変型　376ページ（オールカラー）

GIRL IN A BAND

キム・ゴードン自伝

キム・ゴードン 著　野中モモ 訳

約30年の結婚生活を経ての突然の離婚、そしてバンドの解散――。真実がいま、語られる。60年代後半、ヒッピームーヴメント直後のLAという都市に降り注ぐ光とその裏にある陰、90年代浄化政策前のNYには存在したさまざまな職業の多様な人々。そこにあった自由且つ危険な空気。アート～バンドシーンの最前線を実際に歩んだ者にしか書けない、刺激的なリアルな記録。

本体2500円+税　A5変型　288ページ

VIVIENNE WESTWOOD

ヴィヴィアン・ウエストウッド自伝

ヴィヴィアン・ウエストウッド 著　桜井真砂美 訳

ファッション・デザイナーであり、活動家であり、パンク誕生の立役者であり、世界的ブランドの創始者であり、孫のいるおばあちゃんでもあるヴィヴィアン・ウエストウッドは、正真正銘の生きた伝説といえる。全世界に影響を与え続けてきたヴィヴィアンの初めての自伝。その人生は、彼女の独創的な主張や斬新な視点、誠実で熱い人柄にあふれていて、まさしくヴィヴィアンにしか描けない物語。

本体4000円+税　B5変型　624ページ

それからの彼女

アンヌ・ヴィアゼムスキー 著　原正人 訳　真魚八重子 解説

1968年のパリを主な舞台に、アンヌとゴダールの結婚生活と、フランソワ・トリュフォー、フィリップ・ガレル、ベルナルド・ベルトルッチ、ジョン・レノン、ポール・マッカートニー、ミック・ジャガーなど時代の寵児たちに囲まれた日々が、みずみずしく、時にユーモラスに描かれた話題作。アカデミー賞監督ミシェル・アザナヴィシウスによる映画『グッバイ・ゴダール！』の原作。

本体2400円+税　四六　288ページ

フィメール・コンプレックス

彼女が音楽を選んだ理由

多屋澄礼 著

インディペンデントに自分らしく生きた女性ミュージシャンに学ぶ、ステキな人生のおくり方。有名、無名を問わず、良質な音楽を作り、暮らしを楽しんできた、お手本にしたいアーティストたちを紹介。トレイシー・ソーン、キャシー・ラモーン、イザベル・キャンベル、エディ・リーダー、ゾーイ・デシャネル、シャルロット・ゲンズブール、テネシー・トーマスなど。山崎まどか × 多屋澄礼「私たちのフィメール・ミュージシャン対談」収録。

本体2000円+税　A5　208ページ

梨園侠客傳
女伊達
七十八歳 豊国筆
松嶋彫政